La llave

Un libro de autoayuda para quienes buscan el equilibrio entre cuerpo, mente y espíritu

Nurkia Rudametkin

Copyright © 2015 Nurkia Rudametkin.
All rights reserved.

ISBN-10: 1516950976
ISBN-13: 978-1516950973

Ilustración: L.D. Alejandrina Badillo Ramírez.

Ya estoy enviando a mi ángel delante de ti para que te proteja en el viaje hasta introducirte en el lugar que te he preparado.

Anda derecho en su presencia y hazle caso: no le seas rebelde.

(Ex. 23, 20-21)

CONTENIDO

Introducción 3

Capítulo 1

    I. Manifestaciones 7

    II. Cómo contactar a tu ángel 13

    III. Siete arcángeles, sus colores y ¿cómo nos pueden ayudar? 17

Capítulo 2

    I. Somos lo que pensamos 23

    II. Cuestiónate 35

    III. Cambia tus verbos 39

    IV. La pirámide 41

    V. Restaura: recoge tus virutas, regresa a la raíz 49

    VI. Pasos breves para una transformación positiva ... 51

    VII. El miedo 61

    VIII. El ego 63

Capítulo 3

    I.   Las 7 leyes o principios de la metafísica 67

    II.   Rompe tus patrones limitantes 81

    III.   Atrae la abundancia a tu vida…………………... 84

Capítulo 4

    I.   Chakras……………………………………….... 87

Últimas palabras ……………………………………..119

AGRADECIMIENTOS

Quiero dar las gracias a Dios por su infinito amor. A mi arcángel Zadquiel por revelarse y hacerme saber que está a mi lado, por cuidarme, llenarme de paz y de luz.

A mi marido Francisco Javier Martínez, por ser mi amigo, mi cómplice, mi amante, mi brazo derecho; por todo el amor y el apoyo incondicional. Te amo.

A mis padres María de los Ángeles y Santiago Rudametkin, porque en gran medida lo que soy, se lo debo a ellos, a su amor, sus valores y enseñanzas. Los amo.

A mis hermanas Katskia y Darinka, por ser unos seres maravillosos a quienes admiro y amo.

A mi prima Gloria, por su fortaleza y su gran corazón, porque es una guerrera incansable, un gran ejemplo de vida. ¡Te quiero nena!

PARA TI:

1. Es preciso tener confianza en la capacidad que cada persona tiene de enseñarse a sí misma.

2. Sólo quien esté dispuesto a aceptar sus errores, perdonarse y perdonar a terceros puede crecer.

3. Si este libro ha llegado a tus manos, es porque te eligió y quiere ser parte de tu vida.

Nurkia Rudametkin Rodríguez

NOTA DE LA AUTORA:

Durante mucho tiempo estuve pidiendo un maestro para que me guiara a través de las enseñanzas mísiticas y experiencias extrañas que iba experimentando a lo largo de los años, sin embargo, ahora, años después; comprendo que dichas experiencias, carencias, derrotas y tropiezos así como todo lo bello que me rodea, es mi propio maestro. Sólo es cuestión de ver con los ojos del espíritu para escuchar y entender al propio Espíritu.

NURKIA RUDAMETKIN

INTRODUCCION

Pase lo que pase, siempre comienza de nuevo.

Cada vez que fracases, vuelve a comenzar y así te fortalecerás hasta lograr tu propósito.

Quizá no sea lo que te habías propuesto en un principio, pero el que logres alcanzar te colmará de satisfacción.

Ana Sullivan.

Con el paso de los años he comprobado que la felicidad se encuentra dentro de si mismo. Se da como consecuencia al descubrir y desarrollar el máximo potencial (talentos, misión, vocación, etc), estar en balance interno y vivir acorde a ello; el inconveniente es que hay diversas circunstancias o situaciones que nos distraen, limitan y alejan de esa certeza nata e intrínseca. Habrá quien crea que la felicidad está en las cosas materiales, el reconocimiento personal, en la conquista del amor de pareja; en el logro del poder o de éxito (cualquiera que sea la interpretación de éste) y no en ese equilibrio que fortalece el interior e incrementa el amor propio provocando un estado de plenitud interna, pues cierto es; que el resultado de tu mundo externo es el reflejo de lo que llevas dentro: de tus pensamientos, sentimientos, deseos, emociones, de cómo enfrentas las situaciones de la vida al igual que la actitud que tomas ante ella. En cambio, aquellas búsquedas erróneas de la felicidad están ligadas al ego, los apegos o el miedo, incluso al placer y, el vacío que genera una satisfacción falsa o momentánea, termina a la larga por derrotar el bienestar interior y el autoestima. La satisfacción a la que me refiero es a esa alegría que no se finge y nace de la fuente primaria del ser, provocando congruencia entre lo que somos y lo que verdaderamente queremos: realizar los deseos de nuestra alma.

Descubrir la vocación, el talento o la misión de vida, es una manera que el hombre tiene para ayudarse a sí mismo y a los demás; al descubir tus talentos también encuentras una llave para abrir la puerta que conduce en gran medida al equilibrio que se persigue. **"Si hacemos lo que nos gusta, elevamos nuestra energía y vivimos en un estado positivo que atrae lo mismo"**. El problema es que por diversas circunstancias, no todos tienen la ventaja de enfocarse en hacer lo que les gusta. Se envuelven en la rutina o se dejan llevar por la obligación del *deber-ser* que dictan los demás; no precisamente su interior y poco a poco van perdiendo el ánimo de perseguir sus sueños.

En este libro expreso algunas ideologías reflexivas que considero fundamentales para lograr el balance entre cuerpo, mente y espíritu: esa conexión estrecha con la esencia del alma. Vivo con la ferviente convicción de que el alma tiene la finalidad de trascender hacia otro plano, siempre y cuando hayamos evolucionado en esta vida. Creo también que el ajetreo diario nos aparta del fin mismo de todo ser humano: la búsqueda del ser, su felicidad y crecimiento. Para lograrlo debemos escuchar esa brújula interna que llamamos instinto, es la voz interior que Dios nos regaló para seguir el camino hacia el bienestar y el amor, una hermosa burbuja de armonía y paz, lo que tanto necesita nuestro mundo, que se ha roto por falta de fe en uno mismo y en los demás.

Este libro se llama *La llave*, porque tú tienes la llave para abrir la puerta hacia tu propia felicidad, nadie más puede lograrlo o hacerlo por ti, te pueden dar la clave, la guía o los consejos, pero sólo en el interior de tu alma tienes las respuestas, basta con que te decidas y tomes el reto de seguir en la búsqueda de tu evolución. No será fácil, pero valdrá la pena, así que ábrete, obsérvate, analízate y suelta lo que no te permite avanzar.

LA LLAVE

Acéptate con todos tus errores y defectos, valora tus virtudes, con la fuerza poderosa de la fe, la confianza, el amor y todo lo positivo que vive en ti. Ábrete hacia un mejor futuro, hacia un ambiente de luz, de tranquilidad y paz. El cambio sólo puede darse cuando existe el deseo profundo del alma y se camina con la intención de realizar transformaciones interiores, tanto de conducta como de pensamiento.

Mediante estos escritos quiero compartir herramientas que en lo personal he aplicado a mi vida y pueden serte de utilidad, para limpiarte de acciones pasadas por medio de la introspección y el perdón. Recuerda que tus acciones pasadas no definen quién eres. Redescubrir una mejor versión de ti mismo es posible a cada momento. Una vez asimiliados tus actos y hacia donde vas, puedes hacer los cambios pertinentes para reprogramar tu mente, limpiar tu corazón y volver a empezar. Cada día es una nueva oportunidad para reescribir tu presente.

La llave concatena una propuesta de trilogía integral: siete Arcángeles, siete Leyes metafísicas y siete Chakras. No pretendo que sea religioso, en cambio sí espiritual, (que son dos cosas distintas) pues lo que persigo es un mayor crecimiento en todos los aspectos. Somos cuerpo, somos mente y somos espíritu. En la vida nos han enseñado a comprobar todo lo que decimos, tener cien pruebas de ello, mostrar mil credenciales para ser certeros; mi propuesta es distinta: apuesto por la fe, la energía, la mente, la intuición, el deseo y el corazón para guiarnos en este viaje terrenal.

T. Harv Eker menciona lo siguiente: "Según mi experiencia, lo que no puedes ver de este mundo es muchísimo más poderoso que cualquier cosa que puedas ver. Estarás de acuerdo o no con esta afirmación, pero en la medida que no apliques este principio en tu vida, tendrás problemas, ¿por qué? Porque estás yendo en contra de las leyes de la naturaleza según las cuales lo que hay debajo del suelo crea lo que está por encima de él, lo invisible crea lo visible".

Espero que estos consejos sean una herramienta para ayudarte a identificar aquello que requieres cambiar y así lograr tu crecimiento en todos los aspectos.

Deseo que seas un alquimista de tu propia vida y encuentres la paz que necesitas, que conozcas el perdón para disfrutar de la felicidad y la magia que llevas dentro y sobre todo, que vivas tu vida rodeado de amor, luz y bendiciones.

CAPÍTULO 1

I. Manifestaciones

"Para nosotros los ángeles no hay tiempo. El tiempo es una palabra inventada por el hombre, para nombrar un periodo, un momento; para añorar o sentir nostalgia del pasado o del futuro. El tiempo es relativo, pasa y no pasa. Se queda en la memoria de quien lo guarda, de quien se aferra. Este mundo es aprendizaje individual para evolucionar, no te precipites, todo llega en su momento".

Mensaje dado por mi ángel una madrugada de 2014.

Todo empezó en julio de 2000 en la ciudad de Carson, Ca. En el mes de mayo, mi tía política Gloria Cecilia había fallecido de cáncer y, ese verano decidí —como lo había hecho durante los quince anteriores, para no perder la costumbre y sobre todo para acompañarnos en el doloroso trance del duelo, puesto que yo radicaba en Ensenada— pasarlo con mi prima Gloria.

La luz de la mañana empezaba a iluminar la recámara cuando sentí una fuerte energía interrumpiendo mi sueño y limitando mis movimientos. Intenté levantar las piernas y los brazos sin lograrlo. Al abrir los ojos observé una tela blanca translúcida flotando sobre mí: una especie de velo transparente, etéreo. Escuché una voz extraña, carente de cuerdas vocales, como si hablara debajo del agua: "En este momento no tengo alas mi amor". Terminó la frase y se desvaneció dejándome perpleja, cansada por el esfuerzo al querer liberarme de la paralizante energía.

Compartíamos la misma cama mi prima y yo, así que al hacerme consciente la desperté moviéndola del brazo:

—Bebita, bebita, algo extraño me despertó, me acaba de ocurrir algo raro, vi algo, como un fantasma.

—Será un ángel —me dijo luego de que le conté lo escuchado.

—¿Un ángel?

Yo creí que había sido mi tía, me hice mil historias pensando que quizá su espíritu aún rondaba por la casa, o inclusive alguien más que vagaba por ahí. Decidí no pensar más en lo ocurrido. No obstante, al transcurrir los días esa misma sensación volvía con regularidad sin importar dónde me encontrara, bien en mi recámara en casa de mis padres o en el rancho de mis abuelos en San Vicente, Baja California; tampoco si era de día o de noche, bastaba con empezar a caer en un sueño profundo. No sabía qué pensar. Hubo momentos en los que tuve miedo de quedarme dormida. A pesar de no ser religiosa aunque si creyente de Dios —hago la aclaración—, rociaba con agua bendita mi recámara, prendía inciensos, rezaba padres nuestros al momento de sentir la energía y nada, no se iba. Luego pasaban meses sin que sucediera de nuevo y volvía a descansar confiada de que todo había terminado. Cuando creía haber olvidado la extraña sensación, regresaba; y vivía de nuevo el trance. Así fue por los siguientes diez años. Durante ese tiempo terminé mi carrera, inicié en el área laborar, atravesé por una etapa de búsqueda interna que desembocó en el descubrimiento de mi vocación, cometí errores y aciertos, superé experiencias difíciles, otras negativas. Encontré el amor, me casé y cambié mi lugar de residencia. Como todos, fui sorteando las vicisitudes del día a día. Hoy, luego de todos estos años veo que las experiencias que pasé fueron un tipo de entrenamiento que me ayudó a desarrollar y fortalecer la fe.

Fue hasta el año 2008, ya casada y viviendo en San Diego, Ca. cuando recibí de nuevo un mensaje. Darinka, mi hermana menor se había ido a Cuba a tomar un curso de ballet con sus compañeras, maestros y algunas madres de familia. Una mañana luego de que ella llevara casi una semana en aquel país, recibí la presencia de la energía con forma de velo translúcido, como cuando se presentó por primera vez en casa de mi prima ocho años antes, y me dijo: "Dile a tu mamá que tu hermana va a estar bien, que no se preocupe". Era la segunda vez que me hablaba, con esa voz extraña, literalmente fuera de este mundo. El caso es que le llamé a mi mamá para contarle del extraño suceso. Cuando le di el mensaje, mi madre rompió en llanto. Le acababan de dar la noticia de que mi hermana había enfermado de tifoidea. Por dos días había caído en cama, con diarrea, vómito y temperatura, sin que los maestros se percataran. Su compañera de cuarto la había cuidado, pero al ver que no tomaba fuerza y no dejaba de dormir, solicitó ayuda a la mamá de una chica que iba con ellas y así lograron trasladarla al hospital para que se recuperara. Mi mamá estaba desesperada e inconsolable. Había intentado comunicarse y nadie le daba razón. ¿Se pueden imaginar su angustia? No podían hacerse llamadas constantes a Cuba y el vuelo salía una vez por semana. Hasta el día siguiente pudimos comprobar que mi hermana ya estaba fuera de peligro, si no hubiera recibido ayuda médica su salud se hubiera complicado. Con ese hecho tuve la comprobación de que en verdad me habían transmitido un mensaje para mi mamá. De que algo más grande se me estaba presentado. En aquel entonces, no tenía idea de que ese acontecimiento era el inicio de algo muy bello que cambiaría mi vida, una experiencia que incrementaría mis conocimientos y sentimientos respecto al plano espiritual.

Una mañana de enero de 2010, empecé de nuevo a sentir la fuerte vibración sobre mi cuerpo y la luz cegadora me obligó a voltear el rostro hacia el lado derecho para esquivarla. Abrí los ojos, —en la esquina de la recámara estaba colocada la televisión— y, a través de la pantalla apagada vi su reflejo; al fin pude entender lo que era: un maravilloso ser de luz. Tan alto que casi rozaba el techo. Con las alas abiertas, hermosas y grandes, tenía el cabello rubio hasta los hombros, vestía una bata blanca y larga. Es lo más extraordinario que he visto en mi vida. Tenía su mano derecha alargada hacia mí como si me estuviera transmitiendo su energía. Al momento en que me hice consciente de su figura angelical, se desapareció dejándome asombrada y sin aliento.

—¡Qué hermoso! ¡Es un ángel! ¿Quién es ese ángel? —quise saber.

Me quedé acostada, sorprendida, intrigada, extasiada y al mismo tiempo con una sensación de gozo que no alcanzo a describir con palabras. Pensé en aquella primera vez, diez años atrás cuando me dijo que no tenía alas y todo me hizo sentido: la sensación, la energía, la fuerza, el velo translúcido, la luz: había sido ese ángel. Diez años antes no estaba lista para verlo.

No transcurrieron ni cinco minutos cuando sonó el teléfono. Era mi mamá. En ese tiempo mi tío Jaime, su hermano, había sufrido un derrame cerebral y se encontraba internado en un hospital de Oxnard, Ca. Por extraño que parezca, llamaba para preguntarme si podía ayudarla a buscar información por internet del arcángel Zadquiel, porque una persona les había recomendado enconmendarse a él y, mi mamá quería cerciorase de quién le estaban hablando, puesto que nunca antes habíamos escuchado ese nombre. Me quedé aún más atónita al oír su pedido, pues acababa de preguntar: ¿Quién era el ángel que había visto?

De inmediato hice la investigación y me quedé tan admirada al comparar algunas imágenes del arcángel: era una figura muy silimiar a la que acababa de presenciar minutos antes. ¿Sería posible que me respondiera a través de mi mamá?, ¿que en verdad el arcángel Zadquiel se me hubiera presentado?

Me encontré con que el nombre de Zadquiel en hebreo significa: Justicia Divina. La reconocida autora Doreen Virtue menciona que "El arcángel Zadquiel es un arcángel sanador que trabaja junto al arcángel Miguel para reemplazar la energía negativa por fe y compasión".

A este arcángel se le identifica con el signo piscis, así como con todo lo relacionado a las artes. El arcángel Zadquiel facilita la meditación y las habilidades psíquicas mediante el rayo violeta (conocido como la llama de Dios que vibra en la más alta frecuencia, con el fin de disolver los recuerdos que impiden desarrollar tu más alto potencial). Es el arcángel de la misericordia y la libertad. Su objetivo principal es el perdón y también ayudar a liberar el odio, rencor, inseguridades y miedos para encontrar un balance en el ser humano. Su poder reside en auxiliarte para sanar la memoria que te impide dejar el dolor. Por eso es que está tan presente en este libro, pues tiene la finalidad también de que te sanes haciendo consciencia, perdonando los errores de otros tanto como los tuyos. **Recuerda que no hay crecimiento sin perdón**.

Antes de tener ese tipo de contacto angelical no sabía ni hablaba de ángeles, tampoco pensaba en ellos. Sabía que existe un ángel de la guarda, pero no tenía idea de que había arcángeles y mucho menos que pueden ayudarnos a sanar. Ahora la magia está presente en todo lo que me rodea y me siento con la necesidad de transmitir lo que mi arcángel me ha enseñado.

Actualmente los ángeles son parte imprescindible de mi vida. Conforme he ido avanzando en mi crecimiento interno y conocimiento al respecto de ángeles, leyes metafísicas y chakras, se me han presentado diversas experiencias mágicas como señales, mensajes y visiones, por tanto, creo que hay algo más allá de este plano terrenal, que aquí venimos a cumplir un propósito.

Hoy no concibo un día sin hablar con el arcángel Zadquiel, aunque no se me presenta todo el tiempo; sé que me escucha, que está a mi lado. Los ángeles son parte de mí, de ti, de todos. Ellos nos envían pruebas o señales para hacernos saber que no estamos solos, que hay otros planos y sobre todo que todos tenemos una misión, un propósito. Los ángeles han hecho mi camino más sencillo, quieren que sepamos que están para auxiliarnos y tranquilizarnos, nos orientan y nos protegen, sólo hay que pedírselo pues también esa es parte de la misión que ellos tienen: **ayudarnos a estar en sintonía con el amor de Dios** y Dios está dentro de nosotros. No olvides que todos somos todo, somos un espejo, actuamos a través de lo que pensamos, de lo que percibimos y hacemos, así es como vamos formando nuestra existencia. Al momento en que escribo este libro han pasado quince años desde mi primer contacto angelical, quince años donde he logrado superar diversas y difíciles pruebas, he tenido cambios, tropiezos, desilusiones; he cometido errores y aprendido de ellos, me he perdido (hay muchas maneras de perderse, de no escuchar el interior) y he regresado a mi centro, he mudado de piel, me he perdonado y he perdonado situaciones, actos, circunstancias y personas; y sé que en gran medida ha sido con la ayuda del arcángel Zadquiel.

Ahora entiendo que todo tiene un tiempo, un momento y un lugar. Una vez que integras a los ángeles en tu vida, sabes que no te defraudarán y sobre todo te darán la fuerza que necesitas para superar las pruebas en tu camino. Si vemos a la vida como un viaje, los ángeles te ayudan a cargar las maletas (penas, dolor, sufrimientos, angustias, temores, miedos, etcétera) ellos harán ese viaje cálido y reconfortante para ti. Sólo están esperando que les des la oportunidad de comprobártelo, que les abras tu corazón; estoy segura de que tu entorno empezará a cambiar de color, que resplandecerá, vibrarás en la luz y podrás notar todos los milagros que se generan en tu vida.

II. ¿Cómo contactar a tu ángel?

La palabra arcángel viene del griego *archangelos*, "el que dirige" y ángel que significa *mensajero*. Los arcángeles y los ángeles son seres de luz, servidores e intermediarios de Dios para auxiliar a la humanidad. Ellos cumplen con la voluntad de transmitir los mensajes divinos así como guiarnos, protegernos y brindarnos felicidad. Nos ayudan a estar en armonía y sobre todo nos acercan a Dios.

Diversas religiones como el budismo, islamismo, hinduísmo o cristianismo los mencionan en sus libros o documentos sagrados y, cualquier persona sin importar su religión o camino espiritual puede invocarlos, pues en realidad los ángeles no pertenecen ni son exclusivos de ninguna religión.

Así como en la tierra hay divisiones también en el plano espiritual existen rangos. Los arcángeles están en un rango más elevado que los ángeles, aunque de igual manera ambos atienden a nuestro llamado. Sé que muchas personas se preguntan, ¿por qué pedirle a los ángeles cuando le puedo pedir a Dios directamente? Y sí, también es válido, no puedes pedirle a un ángel si no lo sientes desde el fondo de tu corazón y aclaro que al invocar a los ángeles no se les está venerando, tan sólo solicitando su auxilio, ya que para eso fueron creados y están felices de poder servirnos en todo momento, pues son soldados dispuestos a ayudarnos a superar las adversidades que se nos presentan, brindándonos su fuerza, su luz y conectándonos con la sintonía Divina.

Al nacer todos tenemos un ángel guardián designado para cada uno de nosotros, este ángel es el protector de tu camino y te acompaña en todo momento. Date la oportunidad de comprobar que el ángel que tienes a tu lado puede socorrerte cuando lo desees, aunque es preciso que sepas: ellos no pueden ayudarte si no se lo pides, sólo si los invocas, si les das permiso de que intercedan por ti. Es tu elección, tu libre albedrío. No podrán interceder en tu vida si no les das el permiso de hacerlo.

Es importante mencionar que tus seres queridos fallecidos no son ángeles. Los ángeles nunca han sido humanos, y los seres humanos que estuvieron en este mundo han evolucionado; debemos dejarlos continuar en el plano que ahora se encuentran, sé que están en tus oraciones y en tu pensamiento, no obstante su tiempo en el planeta tierra ha concluido.

Conforme vivo experiencias, recibo señales o visiones, compruebo cada vez más que los ángeles están a nuestro lado y en cualquier momento podemos contactarlos. Es muy sencillo conectar con tu ángel, **el primer paso es la fe**. ¿Sabes cuál es la diferencia entre la fe y la esperanza? La fe tiene la certeza de que lo que deseas o quieres ya es, de que está, no lo pone en duda, no titubea, sea cual sea tu deseo o tu sueño lo tendrás porque la fe afirma y tu mente atrae lo que cree; en cambio la esperanza queda en "espera", a ver si se cumple, si es que se hace y con eso abres una brecha para la duda, esa que la fe no conoce. Por eso es tan importante que creas de corazón que tu ángel está a tu lado.

El segundo y sencillo paso es hablarle. Así de fácil. Como he dicho, los ángeles no pueden interceder por nosotros si no se lo pedimos, por eso es primordial hablarles, para permitirles actuar. Si es la primera vez que lo intentas, te recomiendo que busques un espacio de silencio y desde el fondo de tu alma lo llames, él vendrá a ti, se hará presente de alguna manera. Después, con la práctica aprenderás a hacerlo en cualquier lugar o momento. Te recomiendo que pidas señales, sé que como seres humanos siempre queremos comprobar, tocar, sentir para creer en realidad, entonces te aconsejo que cuando le hables, pidas una señal. Te sorprenderás de la forma en que se comunican con nosotros. La respuesta puede ser a través de un anuncio, una palabra, un libro, una persona, una canción o como en mi caso: mi mamá pidiéndome información precisamente del arcángel que acababa de ver. Hay numerosos ejemplos de personas que han podido comprobar la veracidad de su existencia, porque abren y comparten ese canal mágico desde el fondo de su ser; yo te exhorto a que lo experimentes, tu vida empezará a tener otro color. Este mundo es energía, somos energía. **Debemos tener claro que no porque no lo veamos no existe.**

Para llamar a tu ángel de luz te aconsejo lo siguiente: debes **limpiar espiritualmente tu espacio**, el lugar que hayas elegido para hablar con tu ángel y lo puedes hacer con la oración que a continuación te comparto, es muy poderosa, te protegerá y hará más sencilla la comunicación. Esta oración no nada más es para contactar a tu ángel, también ayuda a retirar toda energía o ente negativo donde sea que te encuentres, yo la rezo para protección diaria. Te invito a que la hagas parte de tu vida y la reces al menos tres veces antes de iniciar el contacto y llamar la protección de tus ángeles de luz.

Antes de iniciar tu oración, coloca un vaso con agua en un lugar seguro, (el agua es un conductor que absorbe la negatividad del ambiente y permite limpiar energéticamente tu espacio), también puedes encender algún incienso, y una vela, —a mi me gusta siempre contar con los cuatro elementos, así que también puedes conseguir algún cuarzo que simbolice la tierra— después colócate en una posición cómoda e invoca:

"Te pido Padre de la Alta Luz, a mis hermanos espirituales de la Alta Luz, a mis ángeles espirituales de la Alta Luz, que retiren cualquier energía negativa encarnada o desencarnada que pueda estar cerca de mí (también puedes mencionar todo lo que quieras limpiar y proteger, como tu casa, tus hijos, tus cosas, inclusive tus mascotas o plantas) les pido retiren cualquier enfermedad física, mental, orgánica, espiritual y emocional que pueda

estar en mi, te pido Padre Celestial, la retires y la lleves a la dimensión que le corresponda por tu Santa voluntad y la mía propia. Amén".

Una vez que hayas hecho esta oración, **habla**, habla con la convicción de que tienes a tu ángel enfrente, de que te escucha y te entiende. **Pide**, conéctate, siente su paz y su luz envolviéndote. **Visualiza** y trata de sentir su alta vibración, respira profundo y concéntrate en alcanzar y escuchar la tranquilidad que emana tu alma, poco a poco lograrás percibir y reforzar el enlace que los une. Notarás que te relajas y te recargas de energía positiva, y tu interior empezará a sentir gozo.

Realiza el ejercicio cuantas veces quieras o lo necesites. Sé —porque lo he comprobado— que tendrás respuesta. Cuando hayas terminado, **agradece** la presencia de tu ángel y riega tu patio con el agua del vaso.

III. Siete arcángeles, sus colores y, ¿cómo nos pueden ayudar?

Los colores son un elemento importante en la vida, y en ocasiones pasamos por alto u olvidamos la repercusión e influencia que provocan tanto en el entorno donde nos desenvolvemos, como en nosotros y nuestro estado de ánimo. Muchas personas importantes a lo largo de la historia han analizado el color y sus efectos, como Aristóteles quien relacionó los colores básicos con los elementos: tierra, agua, fuego y cielo. Leonardo Da Vinci que clasificó el amarillo, verde, azul y rojo como colores primarios; o Isaac Newton quién planteó la teoría luminosa del color, mediante un dispositivo: un círculo pintado de rojo, amarillo, verde, azul, violeta, añil y naranja, al girarlo con rapidez, comprobó que se combinan dichos colores para formar el blanco y, que el negro es la ausencia de todos los colores.

El hombre desde sus inicios ha relacionado los colores con la vida y su manera de vivir, es imposible imaginarnos un mundo sin color, no apreciaríamos la belleza del mismo modo sin esos tonos magníficos que la naturaleza nos regala. ¿Cómo no identificarnos con alguno para sentir paz, tranquilidad, armonía o buena energía?

La psicología del color analiza los efectos en percepciones o en la conducta del hombre. En algunas disciplinas como la moda, el arte, la mercadotecnia o la arquitectura dicho análisis es indispensable, pues los colores también son utilizados como herramienta para transmitir frecuencias energéticas o elevar el autoestima. ¿Cuántas veces no te has sentido mejor en una habitación de color claro? ¿Cuántas otras al vestirte de amarillo o de rojo te sientes con mayor energía? ¿O simplemente el apreciar los colores de la naturaleza como el verde de los campos o el azul del mar, te transmite paz?

A los arcángeles se les ha asigando un color para que los represente, de tal manera que cuando entramos en la frecuencia de contactarlos, ese color sea un enlace mágico que al mismo tiempo sirva para recargar nuestra energía. Es una forma sencilla de tranquilizar la mente: imagínate rodeado del color que le corresponde al arcángel que deseas invocar, será mucho más fácil establecer la comunicación con él.

A continuación te describo a los siete arcángeles más importantes.

Arcángel Miguel. Su nombre en hebreo significa *Quién como Dios*. Comanda huestes de ángeles celestiales para restablecer la paz y desterrar la maldad sobre la tierra. Es un incansable luchador contra el mal, con su poderosa espada destruye las cadenas que te atan (dolor, sufrimiento, penas). Su color es el azul y representa la voluntad, la fe, la paz, la felicidad y el equilibrio. Este arcángel te ayuda a desarrollar la iniciativa, la fuerza, el poder y la protección. Cuando sientas la necesidad de romper o quitar algo negativo, desde temores o miedos, invoca a este arcángel. Se le asigna el día domingo y su día de celebración es el 29 de septiembre.

Oración:

San Miguel Arcángel, defiéndenos en la lucha, sé nuestro amparo contra la perversidad y acechanzas del demonio. Que Dios humille su soberbia. Y tú, príncipe de la milicia celestial arroja al infierno a Satanás y demás espíritus malignos que vengan por el mundo para perdición de las almas. Amén.

Arcángel Jofiel. Su nombre significa *Luz de Dios*. Es uno de los arcángeles que están en presencia de Dios desde la creación. Su color es el amarillo y representa la sabiduría e inteligencia. Ayuda a desarrollar la intuición y la fuerza mental. Si necesitas entender una situación, comprender a alguna persona, o cualquier circunstancia que te ocurra y no puedes discernir si es una buena o mala decisión, si estás juzgando mal, si necesitas fuerza de voluntad, invoca a este arcángel para tener la claridad que te hace falta ya que propicia la elocuencia y auxilia a que la gente se pueda entender en un ambiente de paz y armonía. Se le asigna el día lunes.

Oración:

Amado arcángel Jofiel, ilumina nuestra senda con la luz de la sabiduría, libéranos de la amenaza de la duda y la incomprensión, nutre nuestro conocimiento y nuestro espíritu para ser mejores cada día. Amén.

Arcángel Chamuel. Su nombre significa *El que busca a Dios*. Este arcángel brinda apoyo a las personas que se encuentran solas y con falta de amor o respeto. Protege contra la envidia y elimina toda sensación de amargura. Su color es el rosa y representa el amor incondicional y desinteresado, así como la belleza y la opulencia. Este arcángel te ayuda a desarrollar el amor y la tolerancia. También es el arcángel que puede ayudarte a mejorar tu economía, invócalo cuando necesites que tus finanzas mejoren. Se le asigna el día martes.

Oración:

Querido arcángel Chamuel, te pido me protejas con tu llama rosada, me inundes de amor y me mantengas en conexión con todo lo divino. Amén.

Arcángel Gabriel. Su nombre significa en hebreo *Poder de Dios*. Es el arcángel que anunció a María su inmaculada concepción. Su color es el blanco y representa la pureza y la resurección. Este arcángel te ayuda a elevar tu energía limpiándote de cualquier depresión, falsedad o enojo. Ayuda también a desarrollar las artes. Cuando te sientas triste, cabizbajo o falto de energía, pídele al arcángel Gabriel que te llene de su luz, que te muestre las señales para salir de la situación negativa en la que te encuentres. Se le asigna el día miércoles y su día de celebración es el 24 de marzo.

Oración:

Dios Todopoderoso, que entre todos los ángeles elegiste al arcángel Gabriel para anunciar el misterio de tu encarnación, concédenos que interceda por nosotros en la tierra ante cualquier situación que pidamos su auxilio. Amén.

Arcángel Rafael. Su nombre significa *Medicina de Dios*. Es el protector de los enfermos. Su color es el verde y representa la verdad, la curación y la concentración. Desarrolla las ciencias y la música. Invoca a este arcángel en los momentos de dolor o aflicción, también cuando te sientas enfermo: imagínate rodeado de su color verde y pide por tu salud física o sanación espiritual. Se le asigna el día jueves y su día de celebración es el 24 de octubre.

Oración:

Glorioso arcángel Rafael, medicina de Dios, ayúdame a sanar mi cuerpo y mi espíritu, líbrame de todo dolor y aflicción, guíame hacia Dios Todopoderoso. Amén.

Arcángel Uriel. Su nombre significa *Fuego de Dios*. Es el arcángel que cuida las tierras y los templos de Dios. Su misión es ayudar a los seres humanos a pasar las etapas de duro aprendizaje en su vida. Su color es el oro-rubí y representa la paz. Ayuda a desarrollar la paciencia y la serenidad. La paciencia es una gran virtud, cuando estamos serenos podemos tomar mejores decisiones, no actuamos de forma impulsiva y nos guiamos con consciencia. Así que si necesitas cultivar tu paciencia, invoca a este arcángel. Se le asigna el día viernes.

Oración:

Señor Dios Todopoderoso, que nos confías a tus ángeles para que nos guarden en todos nuestros caminos, concede que el arcángel Uriel nos auxilie para librarnos del peligro. Arcángel Uriel, protege e ilumina nuestro sendero y depeja toda la negatividad que nos circunda. Amén.

Arcángel Zadquiel. Su nombre significa *Justicia Divina*. Su color es el violeta. Promueve la misericordia, el perdón, la liberación, la compasión, el arrepentimiento y la transmutación del cambio negativo a positivo. Ayuda a desarrollar la cultura, la prudencia, el refinamiento y la diplomacia. Debemos estar conscientes de que no hay crecimiento sin perdón. El perdón nos limpia y nos purifica. Cuando perdonas a una persona, una situación, un acto o lo que tengas que perdonar, te sientes ligero, liberado. Invoca a este arcángel para que ayude en tu proceso curativo, te aseguro que verás resultados. La influncia del arcángel Zadquiel se hace sentir en el momento que atravesamos por situaciones penosas y desata las cadenas que impiden tu realización en el amor, la verdad o la congruencia. Se le asigna el día sábado.

Oración:

Querido arcángel Zadquiel, enséñame a transmutar en positivas todas la situaciones que me sean contrarias o que desarmonicen mi existencia, para que pueda aprender de ellas, convertirlas en bendiciones y comprender que son parte de mi crecimiento y evolución. Amén.

Es cierto que no se pueden resolver los problemas de la vida cotidiana con el simple hecho de visualizarse rodeado del color de un arcángel o hacer una oración, se requiere no sólo de una sincera intención sino de realizar cambios, romper patrones y aceptar nuestros errores. Sin embargo, tener el conocimiento de quién es cada arcángel, qué virtudes nos ayuda a desarrollar o qué color lo representa, ayuda a facilitar el atraer mentalmente a tu espacio energético la conexión espiritualitual para fortalecerte, son una herramienta que auxilia a conscientizar las sensaciones, emociones y circunstancias que te rodean.

Los arcángeles y los ángeles son un canal de luz, una guía para mantener una mejor comunicación con tu interior y la fuente Divina. ¡Aprovéchala! Empieza a pedir señales, a trabajar en conjunto con tus ángeles de luz, verás que tu vida empezará a cambiar para bien.

Los temas que a continuación menciono a lo largo del segundo capítulo, son también un instrumento para despertar el subconsciente, romper patrones, equilibrar la propia consciencia a la par que trabajas en armonía con la ayuda de los ángeles y su energía. Encontrarás afirmaciones que me fueron dadas por estos maravillosos seres de luz estando en meditación, las cuales resumen de manera sencilla la escencia de cada subtema. Las comparto con mucho amor esperando te sean de utilidad.

CAPÍTULO 2

I. Somos lo que pensamos

"En el momento en el que usted empieza a observar al que piensa se activa un nivel más alto de conciencia. Entonces usted comienza a darse cuenta de que hay un vasto reino de inteligencia más allá del pensamiento, que el pensamiento es sólo un minúsculo aspecto de esa inteligencia. También se da cuenta de que todo lo que importa verdaderamente —la belleza, el amor, la creatividad, la alegría, la paz interior— surgen de un lugar más allá de la mente. Usted comienza a despertar".

El poder del ahora, Eckhart Tolle.

Cada vez con mayor frecuencia en las redes sociales encontramos frases, comentarios o mensajes que tienen la intención de mejorar el ánimo, hacernos recapacitar o dejar algo positivo. Eso nos da una idea de que a pesar de las vanidades que nos circundan, las preocupaciones diarias o la rutina, el hombre continúa en la búsqueda de motivación, de palabras de aliento e inspiración. Lo importante aquí no es leerlas sino actuar. ¿Cuántos de nosotros en realidad ponemos en práctica esos mensajes? Lo que me queda claro es que el ser humano tiene necesidad en poca o gran medida de buscar el crecimiento interno.

Debemos tener claro que somos lo que pensamos y actuamos de acuerdo a ello. La fuerza de la mente crea todo lo que concibe y nuestra actitud y empeño materializa eso que visualizamos. Los pensamientos son ondas de vibración enviadas al universo, y si observas tus propios pensamientos desde un ángulo ajeno, con imparcialidad, empezarás a darte cuenta en realidad de cómo piensas y qué estás atrayendo a tu vida. Hasta que no los analices no podrás cambiarlos. Todas las personas reflejamos lo que pensamos y sentimos; los pensamientos y sentimientos forman parte de un patrón aprendido. Es la mezcla del sentir y la mente (de cómo interpretas tu entorno, de cómo ves el mundo) de ahí la palabra sentimiento.

Neville Goddard menciona que: "El concepto que tienes de tí mismo determina el mundo donde vives".

Los pintores, escultores, escritores, músicos y todas las personas creativas viven el arte como una extensión de su propio ser, son el reflejo de lo que su mente imagina para luego plasmar su idea y regalarla al mundo. No entenderíamos la historia sin el arte, aunque eso no es exclusivo de los artistas, nos corresponde a todos, pues somos una extensión del mundo y estamos conectados.

Con frecuencia nos dejamos deslumbrar por la falsa carátula que impone la sociedad en cuanto a belleza, éxito y felicidad. ¿Qué es la belleza? ¿Qué es el éxito? ¿Qué es la felicidad? ¿Acaso la felicidad es una mezlca de poder y riqueza? En una ocasión me preguntaron si yo era rica. Me causó gracia y respondí con otra pregunta: ¿A cuál riqueza te refieres: espiritual, física, monetaria? Todo es relativo. Algunas personas piensan que la belleza está en el color de la piel, en la abundancia o la escasez de las carnes, en la naturaleza, en algo palpable o etéreo. Hay gente que considera que el éxito es poder, dinero o acumulación de bienes. Para muchos la felicidad está en encontrar el amor de una persona e ignora que la felicidad está dentro de sí mismo.

Con tus pensamientos estableces a qué le das valor y por qué. Como esos, hay múltiples ejemplos pues somos una proyección del propio inconsciente al igual que del proceso individual de evolución, y, cada persona debe crecer en la medida que le corresponda. Con tus pensamientos, (positivos o negativos) vas forjando tu presente, lo que contribuye a incrementar o disminuir tu felicidad. Según Osho, "La felicidad no tiene nada que ver con el triunfo, la ambición, el dinero, el poder ni el prestigio, la felicidad está relacionada con tu consciencia, no con tu carácter".

Por eso, cuando nos sentimos felices, estamos en una conexión plena con el espíritu, experimentamos una satisfacción que no la dan las cosas materiales, tampoco otra persona, sino tu propia alma. La manera como direccionas tus pensamientos te ayuda a aligerar o complicar tu vida.

El ser humano puede vibrar en una frecuencia alta o baja (lo cual se explica en el capítulo 3). Cuando expresamos nuestros pensamientos esa frecuencia tiene una intención, si va cargada de positivismo se eleva y nos envuelve en un ambiente armonioso, por el contrario si es de resentimiento, dolor o palabras insultantes, estamos descendiendo y envolviéndonos en la frecuencia baja, lo que nos provoca tristeza, enojo, inconformidad, vacío y se vuelve un círculo vicioso que nos tensa y limita. Por tanto debemos programar la mente, reacomodar las ideas que vibran en una frecuencia baja con la consciencia e intención de que queremos un cambio. Recuerda que somos lo que pensamos y tus pensamientos te vuelven libre o esclavo.

A continuación te comparto los siguientes pensamientos de luz que aplico en mi vida.

1. Eleva tu energía

Para elevar tu energía agradece al Creador por todas tus bendiciones. Una vez que te percatas de todo lo bello que te rodea, emanas felicidad y contribuyes a expandir el círculo de amor. Da gracias por los buenos y por los no tan buenos momentos, sin estos últimos no seríamos la misma persona.

Al año de haber concluido mi carrera universitaria, lamenté la mala decisión al escoger mi profesión y a los veinticuatro años, entré en una especie de sopor depresivo que me hacía sentir infeliz. Lloraba por las noches y por las mañanas despertaba sin ánimo, pensando que la oficina era una especie de cárcel. El sentimiento que me producía saberme atrapada empezaba a mermar mi estado anímico. Por un lado pensaba en el esfuerzo que habían hecho mis padres por pagarme la carrera y por otro me negaba a pensar que tenía que pasar el resto de mi vida haciendo algo que no me gustaba. Me sentí sofocada, triste. Dentro de un hoyo profundo y negro, hasta el grado de pensar que no le encontraba un sentido a mi vida. Me dije que eso no podía ser posible pues no había motivo para sentir tal pesar ya que contaba con salud, familia, amor, amigos, trabajo; todo lo que una chica de veinticuatro años puede desear. Dí miles de vueltas a mi situación y me obligué a buscar una salida a esa crisis existencial.

La escritora Clarissa Pinkola Estés menciona que: "Las depresiones, los tedios y las erráticas confusiones se deben a una vida limitada en la que la innovación, los impulsos y la creación están restringidos o prohibidos, que la fuerza creativa confiere un enorme impulso para salir adelante".

Así que, presté atención a mis pensamientos y escuché mi voz interior que me pedía a manera de catarsis escribir la historia de mi prima Gloria (la cuento más adelante), en gran medida su historia es también parte de mí, pues conviví con ella durante mi infancia y adolescencia, eso me permitió aprender de su espíritu guerrero; creo que tambien soy fuerte gracias a su ejemplo. Fue a través de esa etapa depresiva que descubrí a la escritora que llevo dentro: donde esa creatividad de la que habla Pinkola Estés, cobró sentido, pensé que la vida de mi prima podría ser un modelo de inspiración para ayudar a otros y me decidí a narrarla.

Como ves, no seríamos los mismos sin los errores o las derrotas y quizá lo que vemos o catalogamos como tal, no lo es. ¿Quién dice qué es lo correcto? ¿Qué está bien o no?

LA LLAVE

Las consecuencias de nuestras elecciones desembocan en actitudes positivas o negativas, lo importante es encontrar soluciones que te ayuden a elevar tu energía y eso se puede lograr agradeciendo hasta por lo que se cree en un inicio una equivocación o una mala elección, hoy veo que el haber elegido estudiar comercio exterior sirvió como un detonante que me ayudó a descubrir mi vocación. Todo tiene una razón de ser. En su momento sabrás si la etapa por la que atraviesas hoy, será la espada que te abrirá el camino entre la maleza el día de mañana. Por tanto no dejes de agradecer.

Pensamiento de afirmación: Gracias Dios por todo lo que me das, por toda experiencia negativa y positiva, sé que hay una gran enseñanza en ella. Acepto la abundancia de energía positiva que me circunda y me hacen sentir plena y feliz.

2. Suelta

Cuando aprendes a no aferrarte la vida se torna más sencilla, aparecen las oportunidades y el camino de tu existencia se va definiendo, empiezas a caminar a la par con tu propósito. Eso no quiere decir que no muevas un dedo por alcanzar tus sueños, lo que quiero decir es que si has hecho todo lo que está a tu alcance para que se dé y no se logra, es por alguna razón. Si algo no se cumple como tú deseas déjalo a la voluntad de Dios y a los ángeles, quizá no sea tu tiempo de tener lo que te propones. Aferrarte limita y debilita tu energía.

Aprender a soltar no es fácil, requiere de valentía y fe; de saber que viene algo mejor, de tener la convicción de que eso que deseas o necesitas llegará en el momento y el tiempo perfecto. Debemos soltar con la seguridad de que contribuyes a tu mejora y crecimiento.

Llevaba algunos meses buscando editorial para publicar mi segunda novela *Expediente 93*, y no había obtenido respuesta. Desesperada envié el manuscrito a varias editoriales sin éxito, empezaba a sentirme estresada y ansiosa. Hasta que una tarde decidí dejar de buscar y encaminar mis energías a crear una nueva historia, pues no lograba nada con aferrarme, además empezaba a perder la paciencia y a sufrir de insomnio. Recuerdo que le pedí a mis ángeles una señal, pasaban los días y seguía sin obtener respuesta, hasta que meses después recibí una invitación para participar de nuevo en la Feria del Libro Politécnico en Ensenada, cada año le dan un espacio a los escritores de la ciudad para mostrar sus trabajos, y me volvían a invitar con mi primera novela *La huida*. Estando instalada en el espacio de la feria con mis libros, se acercó un señor quien resultó ser el director editorial del Instituto Politécnico Nacional. Gracias a ese encuentro, pude hacerle llegar mi manuscrito y meses después, recibía un correo con la aceptación de mi novela para su publicación.

Al momento de retener (lo que sea que estés reteniendo) tu equipaje se vuelve más pesado, se le aumentan kilos a tu espíritu, se transforma tu semblante y se enferma tu cuerpo, el trato con los demás cambia y empiezas a vibrar en la frecuencia baja, entonces es momento de que busques la manera de soltar, de liberarte, de abrir tus manos, tu mente, tu corazón y pedir con fe para que todo en tu vida mejore. ¡Suelta!

Pensamiento de afirmación: Dios, ayúdame a liberarme. Hoy suelto mi deseo al universo, tengo fe de que se realizará en el momento preciso. Suelto cualquier sentimiento negativo que esté reteniendo y conteniendo mi evolución.

3. Depúrate y enfócate

Depurar y enfocar son dos palabras cortas, precisas y necesarias en la vida. Enfrenta tu situación, observa lo que te impide alcanzar tus metas o equilibrio, pon en claro cuáles son tus hábitos negativos o pensamientos mal encaminados, sé honesto y acepta quiénes son tus amistades dañinas, qué te está contaminando y qué te limita e intoxica. Si no lo haces tú, ¿quién? Aprende a escuchar tu interior y sigue tu brújula. Lo más difícil es el inicio, pero tu actitud se fortalece conforme tu convicción de cambio. Es ahí cuando pones a prueba tu fuerza de voluntad para ser fiel a tus decisiones. ¿Cuántas veces has querido alejarte de algo o de alguien y no puedes? ¿Qué te lo impide? Sí, sé que estás pensando: "ojalá fuera así de fácil" creeme, no lo es, lo he vivido.

Hace algunos años tuve un sueño. En este sueño había un pizarrón blanco. Yo era una maestra y tenía frente a mí muchos alumnos. Tomé un plumón negro. Sobre el pizarrón blanco escribí: depurar del lado izquierdo y enfocar del derecho, divididos por una raya vertical en el centro. Recuerdo que el ejercicio era para hacer una lista de lo que tenías que apartar de tu vida: personas, manías, temores, actos negativos, etc y, enfocarte en lo que deseabas alcanzar. Ahora yo te invito a que lo hagas, que realices esa lista, escribe lo que debes depurar y pon todo tu empeño en enfocarte hacia tus metas. Que no sea sólo uno más de mis sueños sino que lo lleves a la práctica, sin excusas o pretextos, recuerda que nadie lo hará por ti. Seguirás donde quieres seguir, estarás donde quieras estar.

Pensamiento de afirmación: Soy fuerte e inteligente, sé poner límites y alejarme de lo que me hiere. Depuro lo que me lastima, lo que no me permite avanzar y me enfoco en lo que quiero lograr.

4. Persigue el equilibrio mental, físico y espiritual

Para estar en balance necesitas poner tus pensamientos y sentimientos acorde con tus acciones, no olvides que somos el reflejo del interior, todo lo que existe en ti se proyecta. No podremos brindar paz si existe una revolución dentro de nosotros, nadie puede dar a otros lo que no tiene para sí mismo. Si no hay congruencia entre lo que deseas, lo que haces, lo que pregonas y lo que crees, no estarás en armonía, por eso es tan importante hacer introspección, mantenernos en un constante acto de reflexión, humildad, aceptación y perdón para alcanzar un crecimiento. Buscar el equilibrio entre estos tres aspectos que conforman al ser humano es una ardua tarea, además se requiere de compromiso individual, actitud positiva y deseo de superación. Empezar a hacer un cambio en tu vida no es sencillo, hay que tratar diversos aspectos, ataduras, patrones, cargas que no te dejan avanzar, una vez que encuentres la raíz de ese desequilibrio (todos sabemos lo que nos molesta) podrás enfocarte para trabajar en ello. Pregúntate: ¿Qué estoy cargando?, ¿desde cuándo?, ¿quién o qué fue lo que provocó que me sintiera o estuviera en esta situación? No olvides que los ángeles y arcángeles nos ayudan a liberarnos. Pide su auxilio.

Cuando existe un desequilibrio el primero en avisarnos es el cuerpo, lo que pensamos y sentimos el subconsciente lo expresa en dolores físicos. De ahí tantas enfermedades que podemos evitar simple y sencillamente si hiciéramos caso a lo que nuestro interior nos demanda.

A mediados de 2014 se abrió un diplomado en creación literaria que me pareció muy interesante y me aferré en querer tomarlo aunque en el fondo sentía no era el momento, puesto que la escuela quedaba a dos horas de distancia y mi economía no estaba para hacer ese gasto pues tenía poco de haber renunciado a mi trabajo. Aún así me inscribí. A la semana empecé a tener problemas con el nervio ciático de la pierna derecha. Inclusive en una ocasión no pude caminar y pasé el resto de la tarde acostada en el suelo bocabajo. El dolor del nervio ciático está relacionado con proyectos, dinero, avance, poder, entre otros puntos y puede tener distintas interpretaciones dependiendo la zona donde sea más dolorosa. Una vez que analicé la raíz de mi dolor físico tuve que aceptar que el continuar con el diplomado en lugar de ayudarme, me estaba provocando problemas en mi cuerpo por aferrarme, así como por la preocupación del dinero que no tenía para invertir. Al finalizar el primer módulo decidí dejarlo, hay más tiempo que vida y habrá más diplomados — pensé— y, opté por seguir siendo autodidacta. Una vez tomada mi decisión, como por arte de magia el dolor se fue y no ha vuelto a aparecer.

Este es un pequeño ejemplo de cómo el cuerpo es también una brújula, sólo hay que escucharlo. En el capítulo cuatro dedicado a los Chakras, podrás conocer para qué sirven, qué parte de nuestro cuerpo rige cada chakra y qué área de tu vida puedes limpiar con estos círculos de energía.

Pensamiento de afirmación: Estoy en equilibrio mental, físico y espiritual. Escucho mi alma y actúo de acuerdo con lo que ella me pide. Mi cuerpo es el reflejo de la congruencia que existe en mí, soy una persona congruente.

5. Busca ejemplos de vida que te inspiren y anímen a seguir adelante

Las circunstancias difíciles que te acontecen son para enseñarte tu propia fortaleza. Agradecer la etapa que transitas elevará tu espíritu, piensa que de otra manera no podrías descubrir al guerrero que llevas dentro. Todos creemos que nuestros problemas son los más grandes, los más duros o los más arduos, pero cuando conocemos otras historias, podemos apreciar que siempre habrá alguien que nos enseña con su ejemplo, que nos demuestra valentía e inspiración para seguir adelante. Yo encuentro inspiración en mi prima Gloria.

Mi prima Gloria es un ser maravilloso y fuerte, un ejemplo de vida. Era gemela. Las niñas adelantaron su llegada a este mundo con cinco meses de gestación un 17 de mayo de 1980 en Carson, Ca. Los médicos creyeron que mi prima no pasaría la noche, aún así, introdujeron el pequeño y débil cuerpo en la incubadora sin vendarle los ojos. Y dedicaron su atención a la otra niña que se veía más grande y más fuerte. Para sorpresa de los doctores, Gloria vivió y la otra niña pereció al día siguiente.

Por la negligencia médica de no vendar los ojos, ahora se enfrenta al mundo sin vista; sin embargo, esa discapacidad no detuvo sus ganas de oler, de probar, de tocar, de escuchar, de sonreír, de vivir…de seguir adelante a pesar de la adversidad. En cambio, desarrolló aún más sus otros sentidos para sustituir el faltante. Gloria se ha enfrentado a una diversidad de obstáculos y los ha afrontado con admirable valentía. Ha usado tanto su fortaleza física para soportar los estudios médicos, como la espiritual para sobrepasar el trance de aprender a vivir sin ver y adaptarse al mundo. En mayo de 2000 su mamá falleció de cancer y Gloria vivió un periodo muy difícil. Aún así logró salir adelante, no dejó que la pena por la pérdida la debilitara. Poco a poco terminó sus estudios y actualmente se dedica a ayudar a personas que como ella carecen de la vista. Ha logrado encontrar el amor y está felizmente casada.

Mi prima y yo vivimos una infancia maravillosa. Jugábamos con la imaginación y creábamos historias, pues, ¿de qué otra manera se puede jugar con alguien que no mira?

Mi prima me enseñó a ver la transparencia del alma, a apreciar a las personas por cómo se siente su vibra y su energía, no por lo que llevan puesto, ni por el físico o los recursos económicos. Sobre todo y lo más importante, me enseñó que debemos enfrentar el día a día con entereza y tesón, a ser fuerte, a vivir libre de rencores y complejos, a tener fe.

Cuando entré en esa etapa depresiva donde me la pasaba lamentando mi mala decisión al escoger mi carrera, recordar su ejemplo me obligó a buscar una salida: la que encontré en las letras.

Aún hoy, si me enfrento a algún problema, recuerdo a mi prima y todo me parece más sencillo, pues como ella, personas con alguna discapacidad o que han sufrido pérdidas difíciles y dolorosas, nos recuerdan las cosas esenciales de la vida como el amor, la fe y la certeza de que estamos aquí para aprender y ayudar a otros. Así que no te quejes, busca ejemplos de vida o mejor aún: ¡Sé uno de ellos! Sé un canal de luz para los que te rodean.

Pensamiento de afirmación: Doy gracias por tener la oportunidad de conocer personas que me ayudan con su ejemplo a ser mejor ser humano y dar lo mejor de mí cada día.

6. Invoca el perdón en ti

El perdón, más que otorgarlo a terceros, es un acto de bondad para ti mismo, es sin lugar a duda, el mejor obsequio que puedes darte. El perdón es un arma muy poderosa, pues está regida por el amor que todo lo cura, que todo lo sana. Es un regalo maravilloso que libera tu alma de toda atadura.

Cuando perdonas eres libre, libre del sentimiento negativo que te oprime y vas por la vida sintiéndote ligero, compasivo y feliz.

Perdonar lleva su tiempo, no se puede forzar, no hay una varita mágica para transformar el dolor en perdón, es un proceso depurativo lento y cada individuo va a su propio paso. En lo personal, luego de haber tenido la oportunidad de conocer a los ángeles, invocarlos para que me auxilien en ese proceso depurativo me ha ayudado muchísimo, te invito a que tú también lo hagas, invoca al arcángel Zadquiel para que te ayude a liberar esas cadenas.

Pensamiento de afirmación: Dios, permíteme experimentar el perdón, lléname de amor y de paz para liberarme de todo resentimiento. Arcángel Zadquiel, ayúdame a limpiarme, retira el dolor de mi ser, de mi espíritu, de mi vida, libérame de las malas acciones hechas en el pasado y ayúdame a perdonar.

II. Cuestiónate

¿Quién eres? Si no sabes quién eres te sentirás desorientado y triste, desconocerás el enorme potencial que reside en tí para lograr todo lo que deseas, pues no hay un empoderamiento que te dé fortaleza y empuje. Al preguntarte quién eres no me refiero a tu nombre, tu sexo o tu profesión, sino a ese ser que busca el crecimiento y camina en la dirección indicada por su corazón. Entender nuestro ser, implica comprender nuestra identidad y comportamiento primario, saber si somos auténticos, íntegros y prósperos en todo sentido, si caminamos alineados con nuestra misión o propósito en la vida.

¿Cuántas veces te has preguntado hacia dónde va tu vida, tu futuro, tus metas, tus sueños? O ¿Dónde quedaron? ¿En qué momento se perdieron? ¿Eres libre de expresar tus sentimientos? Te sorprendería saber que estas preguntas tan comunes son con facilidad ignoradas, acalladas; ya sea por ir en contra de lo que la misma sociedad impone (por lo que va a decir la gente, porque no es lo correcto según lo que dictan las normas, porque se te crió para eso, porque no es lo que se espera de ti) o porque se piensa erróneamente que el verdadero valor de la felicidad está en otro lado menos en tu interior. Puede ser que te encuentres atrapado en la rutina y que hayas dejado de buscar la maravilla de cada día, o quizá perdiste el ánimo de sorprenderte. ¿Qué es la felicidad para ti? Dejo al aire esta cuestión para que la respondas en silencio.

La felicidad para mi, como mencioné en la introducción radica dentro de ti mismo y al mismo tiempo se compone de muchas pequeñas cosas, de sensaciones, emociones, de sonrisas, gustos y placeres, de descubrimientos, sorpresas, de besos, de instantes, de sueños, de metas logradas, de tener la consciencia clara y tranquila, de sentir paz interna, de caminar a la par de tu propósito de vida e ideal, pues la felicidad también es una construcción de actos que elevan el espíritu, fortalecen la fe y el autoestima. No obstante, nos preocupamos más por resolver los problemas mundanos sin acordarnos del espíritu, sin tener en cuenta que la gran mayoría de los problemas parten y tienen una solución espiritual. Para hacer cambios positivos debemos empezar haciendo pequeñas diferencias, recuerda que el cuerpo, la mente y el espíritu jamás se separan mientras permanecemos en este plano terrenal. Van atados por un lazo invisible, somos un ser cuerpo-mente-espíritu, sin separación. Cuando alguna de las tres está en desequilibrio, nos sentimos tristes, desanimados, nos duele alguna parte del cuerpo o estamos bajos de energía. Debemos atender todos los aspectos que conciernen a nuestro cuerpo-mente-espíritu, desde un punto de vista interno sin dejar de lado el entorno que nos circunda.

Pregúntate: ¿Cuál o qué sentimiento constantemente te acompaña? Guarda silencio y escucha, siente el aire sobre tu rostro, percibe tus sensaciones, respira profundo, concentra tu emoción en cada uno de los sentimientos que te lastiman, enuméralos, nómbralos, escríbelos, es importante que los llames por su nombre, de esta forma lograrás apropiarte y enfrentarlos, obsérvalos, acéptalos, busca perdonarlos, déjalos salir, abre la puerta de ese baúl y dale alas a esas emociones negativas, réstales poder y libéralas de ti, libérate.

¿Cuántas veces en el día te percatas de lo maravillos que son tus cinco sentidos? El día a día transcurre tan aprisa que detenernos a pensar en el tacto, la vista, el gusto, el olfato o el oído pasa a segundo término, a menos que carezcas de ellos por alguna circunstancia, incluso pueden transcurrir días, semanas o meses sin que tomemos consciencia de ello. El prestar atención a nuestros sentidos, nos regresa al presente y nos vuelve más alertas, desarrolla la creatividad, nos pone de buenas, eleva la energía, ayuda a descubrir qué es lo que nos pide el cuerpo, fomenta la meditación. En este preciso momento en que estás leyendo, tus ojos van de un lado a otro saltando entre las letras, tu cuerpo sentado, quizá en alguna silla cómoda o no, eso sólo tú lo sabes, ¿cómo sientes tus glúteos, tu espalda, tus piernas, el cuello? Estás tomando alguna bebida, ¿a qué sabe? ¿Es fría, caliente? ¿A qué huele la habitación o el lugar donde te encuentras? ¿Qué sonidos te envuelven? Nuestro cuerpo, según los tibetanos; es la carroza que nos transporta en esta vida. Es un medio que nos guiará por el tiempo que nos tenga que servir.

Por eso: observa todo lo que puedas y agradece. Todo lo que ocurre a tu alrededor es un gran maestro. Toca, siente las diferentes texturas, revive las sensaciones de cuando eras niño y sonríe, permítete admirarte y maravillarte de las cosas. Huele, huele lo que te guste y lo que no, lo que te abra el apetito, lo que te remonte a algún recuerdo feliz. Respira hondo y profundo, llena tus pulmones, exhala y deja ir la pena. Suelta. Prueba, degusta, saborea; tu cuerpo sabe qué le hace bien y qué le hace mal, aprende los límites pero también date gustos. Escúchate, escucha ese sonido que emana de ti. ¿Qué quieres? ¿Hacia dónde vas? ¿Qué música llevas dentro? ¿Qué te dice el viento, las aves, las flores, la lluvia? ¿Qué te dicen las personas que amas? ¿Interpretas lo que quieres o es lo que en realidad te dicen? La vida también es una conformación de placeres y el placer de sentirnos felices depende de nosotros, los cinco sentidos son una vía para llenar el interior. Elógiate y elogia, abrázate y abraza, bésate y besa, perfúmate y perfuma a los que te rodean, mírate y mira. No podemos dar lo que no tenemos, así que llena tus sentidos. Como la palabra lo dice: ¡Siente! Eres más feliz cuando no retienes las emociones o las sensaciones, pues si ocurre lo contrario, estás construyendo una pared ante ti mismo. Aprende a defender ese gusto o esa opinión.

Los cinco sentidos nos ayudan a volver más tangible lo que nos circunda. Me gusta aclarar que los cinco sentidos utilizados para uno mismo son maravillosos, pero para entender a un tercero es un poco más complicado, sobre todo cuando lo hacemos desde nuestra propia perspectiva. Pues tendemos a juzgar erroneamente. Abre tu mente y percibe a otros más allá de lo que se te presente frente a los ojos o los oídos. Observa y escucha con el alma, pero sobre todo, nunca dejes de cuestionarte qué te hace sentir feliz y ve por ello.

Pensamiento de afirmación: Soy un ser auténtico, próspero e íntegro. Soy consciente de lo que me pide el interior. Escucho a mi cuerpo, me permito sentir y agradezco todas las sensaciones que experimento, no me juzgo a mi mismo ni a los demás.

III. Cambia tus verbos

"Gran parte de las pruebas demuestran que las personas emocionalmente expertas —las que conocen y manejan bien sus propios sentimientos e interpretan y se enfrentan con eficacia a los sentimientos de los demás— cuentan con ventajas en cualquier aspecto de la vida, ya sea en las relaciones amorosas e íntimas, o en elegir las reglas tácitas que gobiernan el éxito en la política organizativa. Las personas con habilidades emocionales bien desarrolladas también tienen más probabilidades de sentirse satisfechas y ser satisfechas en su vida, y de dominar los hábitos mentales que favorezcan su propia productividad; las personas que no pueden poner cierto orden en su vida emocional liberan batallas interiores que sabotean su capacidad de concentrarse en el trabajo y pensar con claridad".

La inteligencia emocional, Daniel Goleman.

La fuerza de la palabra. Congruencia entre lo que dices y lo que haces

El autor japonés Masaru Emoto, dedicado a estudiar la influencia de las palabras sobre las moléculas del agua dijo: "El pensamiento humano, las palabras, la música, las etiquetas en los envases, influyen sobre el agua y ésta cambia a mejor absolutamente. Si el agua lo hace, nosotros que somos 70-80% de agua deberíamos comportarnos igual. Debería usted aplicar mi teoría a su vida para mejorarla".

Es por eso que te propongo un pequeño ejercicio. Lo titulé: *Cambia tus verbos*, porque con pequeñas acciones se pueden lograr grandes cosas. Tú puedes agregar otros a tu propia lista, este ejemplo es una mínima muestra de que si nos planteamos cambiar, lo que nos circunda por fuerza sufrirá transformaciones, pues no debemos olvidar que la vida es como un péndulo y lo que damos recibimos en igual medida. Lo primero que se requiere es observar tus pensamientos y percatarte de tus acciones, al igual que las palabras que usas durante el día. ¿Qué te dices a ti mismo? ¿Cómo le hablas a los demás? Si la negatividad tiene mayor peso (como palabras de crítica, molestia, queja, entre otras) pon atención a tu vocabulario y haz un esfuerzo por modificarlo. Por ejemplo: cambia rechazar por apoyar, destruir por crear, criticar por entender o juzgar por aceptar. Dilo y actúa en sincronía. No me canso de repetir que somos fuente inagotable de luz, sin embargo, cada vez que pensamos o usamos palabras negativas repercuten en nuestros actos, apagando la velita interna que nos ilumina y mermando el optimismo, provocando que se cubra tu ambiente de pesadez y enfado. Lo que conlleva a modificar tu actitud permitiendo que te irrites rompiendo tu círculo de armonía y vibrando en un nivel bajo: lo semejante atrae lo semejante. ¿Cómo te sientes conversando con alguien que siempre se queja? ¿Con alguien que busca criticar a los demás pero no ve sus propios errores? ¿Con alguien que emplea palabras soeces? Notarás la diferencia en cuanto te hagas consciente de tus palabras. Lo que sale de tu boca se esparce por todo el universo, las ondas regresan a ti cargadas de energía positiva o negativa para elevar o dañar tu espíritu, (esto se explica más adelante en las 7 leyes metafísicas) así que si esto te parece imposible, increíble o ilógico, haz la prueba y podrás comprobar la diferencia. Comunicarnos es una necesidad y es nuestra responsabilidad hacerlo con palabras positivas. Cuando recibas ondas negativas ciérrate a ellas, lucha por cambiarlas, controla tu boca, tu mente, enfoca tu pensamiento y actúa con congruencia, no vale la pena entrar en discusión o continuar en esa frecuencia. Cambia tus verbos.

Pensamiento de afirmación: Cierro todas las puertas a la negatividad y sólo permito la entrada a la armonía: soy amor, abundancia, salud, felicidad, paz y luz.

IV. La pirámide

El ser humano tiene una prioridad básica, mantener el equilibrio de los tres conceptos que lo conforman: cuerpo, mente y espíritu. Yo lo veo como una pirámide; el cuerpo y la mente en la base inferior y el espíritu en la cima. Te preguntarás ¿De qué manera puede lograrse ese equilibrio? Pues bien, aquí algunas opciones que me han funcionado:

1. Sé tú mismo y conéctate con tu interior

Cuando somos nosotros mismos sin caretas ni poses, sin imitaciones, limitantes o complejos, podemos vernos con claridad, pues es nuestra esencia la que habla; se agudizan los sentidos y estamos dispuestos a cumplir las metas, los sueños propuestos; ya que somos conscientes de lo que queremos. Claro que para llegar a este punto, debemos estar dispuestos a eliminar patrones negativos, cargas del pasado, rencores, dolor, amargura, etc.

Te presento un pequeño ejercicio: colócate frente a un espejo, obsérvate, mira tus ojos, tu piel, tu cabello, tu boca, ¿te gustas? Ahora, cierra los ojos y aprecia tu espíritu, ¿cómo lo ves? ¿Cómo está tu autoestima?

Estamos en este plano terrenal sólo de paso, el cuerpo físico sufre transformaciones, la piel se arruga, los ojos pierden visibilidad, el cabello se cae o se tiñe de blanco, tu boca... ¿Sonríe? Imagínate sin una pierna, sin un brazo, sin ojos, ¿qué ves? ¿Cómo sería tu vida? Ahora, toma una hoja de papel y una pluma o lápiz, anota todas las cosas buenas de ti que vengan a tu mente, cosas lindas que hayas hecho por otros o por ti, todo lo que te haga sentir bien. A algunas personas les cuesta trabajo aceptar sus virtudes, si es caso pregúntate ¿Por qué? ¿Qué te lo impide? Una vez que hayas terminado anota por el reverso de la hoja las cosas negativas de tu persona, sentimientos dañinos, miedos. ¿Qué se te dificultó más: encontrar lo positivo o lo negativo?

Yo sé que este ejercicio no te va a cambiar la vida, no es algo así de sencillo pues si lo fuera nuestra existencia sería diferente, no habría depresiones, ni tristezas, pero en esa hoja tienes la clave para iniciar un cambio. Espero contemples la lista que acabas de hacer y trates de mejorar los aspectos negativos de tu ser. Cuando aceptamos, conocemos y visualizamos el problema, nuestro subconsciente encuentra la manera de solucionarlo, así que ponte atención, escúchate, conéctate, no es necesario llevar a cuestas un costal de sentimientos negativos, ni dolorosos. Vale la pena intentar aligerar esa carga.

2. Busca y encuentra tus habilidades

Perseguir el equilibrio puede llevar tiempo, depende del empeño de cada individuo. Es un camino arduo, de reconocimiento personal, donde se unen los diversos conocimientos y la experiencia que se va adquiriendo con el paso del tiempo. La idea de alcanzar una brillantez emocional no es otra cosa más que el arte mismo de controlar las emociones y sentimientos, canalizarlas para lograr los objetivos que nos hayamos planteado como meta de vida y ser congruentes con ello. Es un estado elevado tanto espiritual como físico, que intenta encontrar plenitud y pretende obtener una consciencia serena donde se muestra un estado de paz y de humildad. Por experiencia propia, te puedo comentar que cuando encuentras tu pasión en la vida, ésta se llena de sentido, claro que me tomó tiempo descubrir cuáles eran mis habilidades y sobre todo que me llenaran al máximo, pues sólo así, estando en un estado de felicidad, de gozo, disfrutas tu vida con un sentido especial, que a la vez te impulsa a seguir en la búsqueda de crecimiento: el fin de todo ser humano.

Algunas personas me han comentado que no saben qué hacer con su tiempo libre, o cómo encontrar su vocación, nadie puede darte la respuesta, la llevas dentro. Por eso es tan importante conocernos y entender el ambiente que nos rodea. Pregúntate —si ese es tu caso y si aún no has encontrado tu potencial, habilidad, destreza, vocación o don—: ¿Qué te gustaba hacer cuando eras niño? ¿Qué te hacía sentir feliz en esos momentos de tu infancia donde no pensabas en otra cosa más que ser niño? ¿Te gusta crear, investigar, experimentar, ayudar, ejercitarte? ¿Qué te gusta? Es en la niñez cuando alcanzamos los momentos de felicidad más elevados porque sólo buscamos divertirnos, no se persigue otro objetivo distinto a disfrutar el momento, no pensamos en el qué dirán ni en las supuestas normas que dicta la sociedad. Una vez que hayas respondido, también cuestiónate: ¿Dónde te encuentras en este momento de tu vida? ¿Estás en el lugar donde quieres estar? ¿Realmente estás feliz? ¿Te sientes próspero? ¿Cuál es tu sueño? ¿Cuál es tu proyecto de vida? ¿Cuál es tu ideal de vida? ¿Lo estás viviendo? ¿Qué te detiene? ¿Si no tuvieras que preocuparte por dinero, (en caso de que tu ideal necesite de un impulso monetario) qué harías?

El ideal de vida es ese valor que te mueve, lo que anhelas vivir, lo que marca una aspiración profunda en ti y, el proyecto de vida son las metas u objetivos que te vas forjando con el tiempo; éstos pueden ir construyendo tu ideal. El proceso de vivir persiguiendo tu ideal de vida y tus proyectos contribuyen a tu felicidad. Si desde pequeños nos enseñaran a ir descubriendo cuál es nuestro ideal de vida y enfocarnos en él a la par que vamos desarrollando nuestros talentos, estoy segura de que hubiera más personas realizadas contribuyendo a formar un mundo mejor, pues el enfoque que se le da a la existencia es desde una perspectiva más clara y espiritual.

Jamás es tarde para empezar a hacer un plan de vida y actuar acorde a él, a pesar de las circunstancias o situaciones que hayas experimentado o estés atravesando, ten presente que para todo problema existe una solución, así que busca mantenerte motivado y positivo, no te desanimes y sobre todo nunca dejes de soñar.

3. Enfrenta tus estados de ánimo

La actitud se transmite, se contagia como una gripe. Es intangible pero se percibe, se siente, se nota desde una sonrisa hasta una mala cara; por esa razón debemos buscar alejarnos de situaciones, personas, cosas o ambientes que nos hagan la existencia pesada y nos impidan ver la vida de forma positiva. O en su defecto, limar esas asperezas que nos molestan para sanar la relación de quienes nos importan.

Debemos saber cuando algo nos irrita, tanto de nosotros mismos o de terceros, estar en control del propio estado de ánimo, aceptar, aclarar lo que nos gusta y lo que no, ya sean actitudes, comentarios o acciones. Es importante que las aclares y las repitas en voz alta, así te apropias de ellas. Pregúntate: ¿Qué siento? ¿Por qué me siento así? Nadie más que tú sabe lo que siente o percibe. Muchos de los problemas que vivimos o tenemos con los demás ocurren porque no enfrentamos las situaciones en el momento. Dejamos que pase el tiempo sin aclarar lo que sea que nos haya incomodado, el disgusto crece y nos separa. Quizá la persona con quien te molestaste no sepa ni porqué, o entendiste mal el mensaje. Tal vez dijiste algo que no era lo correcto. Pueden ser diversas circunstancias las que hayan detonado un estado de ánimo negativo, sin embargo, recuerda que sólo tú y nadie más sabe lo que llevas dentro. Si no lo aclaras, te costará trabajo avanzar. No guardes rencores ni resentimientos, busca siempre tener una actitud positiva.

Mi recomendación es que tomes control de tus estados de ánimo y así como haces conciencia de lo que estás diciendo, hagas conciencia de lo que sientes. Si quieres llorar, llora, pues es una buena catarsis que te libera y te pone en sintonía con tu corazón. Utiliza la risa como la mejor alternativa de positivismo. Acepta cuando estés en un error: la humildad te hace crecer. Una vez que aceptamos nuestros errores y nos sinceramos con nosotros y con terceros podemos buscar la alternativa hacia el cambio.

Hace algún tiempo leí un artículo sobre *Las plañideras*. Eran mujeres que contrataban en el antiguo Egipto para expresar el dolor en los funerales porque los deudos tenían prohibido llorar en público. Se vestían con túnicas azuladas, los senos al descubierto y el cabello suelto. Elevaban los brazos como signo de desolación y lloraban a grito abierto quizá recordando a sus muertos, alguna pena propia o vaya usted a saber, tal vez sólo sacaban a relucir su vena actoral. Luego los romanos continuaron con esa tradición, pensando que entre más plañideras contrataran indicaban a la vez su estatus social y también el aprecio por el difunto. Lo que más llamó mi atención es que usaban un vaso especial llamado lacrimatorio para guardar las lágrimas y lo enterraban con los restos mortuorios. En cuanto a la tradición cristiana, se creía que esas mujeres con sus llantos desgarradores abrirían las puertas del cielo.

El llanto, limpia todo sentimiento negativo, por eso pensé, cómo sería en aquel tiempo para una madre tener que aguantar las lágrimas por la muerte de su hijo, aparentar tranquilidad y comportarse a la altura de lo que exigía el protocolo. Ocultar las emociones genera pesar en nuestro espíritu y si sabemos que todo en este plano físico se compone de energía, las emociones son la expresión misma de ella, afecta el interior y desgasta el cuerpo. Las emociones se exteriorizan a través de acciones o palabras.

En la actualidad aún nos enfrentamos a esa presión egipcia. ¿Quién no ha escuchado "Los hombres no lloran" o "Estás llorando como niña"? Como esas frases hay miles que orillan a reprimirse hasta que toda la carga a lo largo de los años, puede detonar en una serie de complicaciones físicas y psicológicas. El ser humano entre más se niega, cierra o aferra a algo, incrementa y otorga poder a eso de lo que pretende huir y lo único que logra es dañarse a sí mismo. El insomnio, la conducta compulsiva, las adicciones, el estrés o los problemas digestivos, pueden ser un ejemplo del lenguaje corporal que se manifiesta por el sofoco de las emociones (claro que existen muchos otros detonantes y es mucho más complejo que eso, pero centrémonos en el tema de no expresar lo que sentimos).

El llanto es una liberación, un torrente que limpia. En algunos países como Japón o Chile, practican la terapia del llanto. El Dr. Hugo Fuchslocher menciona que: "Las lágrimas contienen hormonas muy similares a las del crecimiento. De esta manera el llanto en los adultos podría relacionarse también con procesos evolutivos a nivel interno como lo son la maduración y la elevación de la consciencia".

Como vez, el llanto libera al igual que decir lo que se piensa y siente. Ser honesto al enfrentar los estados de ánimo ayuda en el propio equilibrio.

4. Mantente en L, mantente de pie

Aparte de ver al cuerpo-mente-espíritu en forma de triángulo o pirámide, también lo percibo como una L. Me imagino que la base son nuestros pies en contacto con la naturaleza y nuestro cuerpo es la conexión con algo más grande. Esta figura en L me da la idea de que debemos estar conectados en los tres planos: Espiritual, Mental y Físico, pero, ¿cómo mantener esa conexión?

Mantenemos esa conexión llevando a cabo los tres puntos anteriores: a) Siendo tú mismo y conectándote con tu interior, b) Buscando y encontrando tus habilidades y, c) Enfrentando tus estados de ánimo. También desarrollando aún más la capacidad para escuchar, sentir, pensar y actuar por lo que dicta tu interior. ¿Qué te detiene? ¿Dónde dejaste la fuerza? ¿Cuántas veces te has sentido débil espiritual y físicamente? Cuando usamos la intuición se despierta aún más la consciencia y nos conduce hacia un punto más alto del espíritu uniéndonos en comunión con la fuerza divina. Busca esa sabiduría innata que es la base fundamental de toda persona. Enfócate en tu sentir, nadie nos enseña a sentir, pero es tu elección escoger qué quieres sentir.

Te propongo un pequeño ejercicio. Necesitarás una venda o un pañuelo para cubrirte los ojos. Busca un lugar donde estés tranquilo y sientas paz. Donde nada te perturbe al menos por media hora. Siéntate en el suelo como mejor te acomodes. Relájate, respira profundo, inhala y exhala siete veces, siente tus pulmones, tu cuerpo, la tranquilidad que emana de ti. Poco a poco piensa en lo que ha sido tu vida. Lo bueno y lo malo. Siente cuándo un pensamiento negativo regresa a tu mente, ¿Qué sientes? ¿Enojo, frustración, ira, tristeza, dolor? ¿Qué ha provocado ese sentimiento? ¿Es causado por alguna persona, una decisión propia, culpa? Piensa que está en tí cambiar ese sentimiento, el pasado no puede cambiarse, en cambio sí transformar tus sentimientos negativos, piensa en eso que te molesta y enfréntalo, verás que todo regresa a la palabra *perdón*, a la fuente misma que nos ayuda a crecer. Imagina que es como una piñata que tratarás de romper. Llora si es necesario. Ahora, busca en tu espíritu lo que te hace feliz, siempre habrá algo a qué aferrarse. Hoy es un gran día para que hagas cambios positivos en tu vida y fortalezcas tu fe.

Pensamiento de afirmación: Enfrento mis estados de ánimo. Soy capaz de expresar mis sentimientos con facilidad y de reconocer mis errores. Persigo la congruencia entre mi cuerpo, mi mente y mi espíritu.

V. Restaura: recoge tus virutas, regresar a la raíz

En gran medida la vida del ser humano se basa en los recuerdos. Los recuerdos son nuestra historia y sin ellos no seríamos los mismos. Si bien no es sano vivir pensando en el pasado, éste es sin duda parte fundamental de lo que somos en el presente, las acciones tomadas o la forma en que veíamos la vida repectute en cómo la vemos y vivimos ahora.

Imagínate al ser humano como un tronco. Que estamos hechos de madera y podemos tallarnos en la forma que queramos. Con la madera se pueden hacer figuras hermosas e igual el ser humano puede intentar labrarse a sí mismo, buscar su mejor escultura: forjar el propio destino... esculpirse. Me queda claro que *todos tenemos madera* y que podemos lograr lo que nos hemos propuesto, pero en ocasiones las situaciones que se nos presentan a lo largo de la existencia menguan nuestra figura, resquebrajan y sacan pequeñas virutas que forman huecos en el alma. A medida que crecemos, esos pedacitos faltantes son la causa de que la escultura se debilite, pues cuando llueve; el agua entra por esas hendiduras pudriendo la estructura; entonces es momento de regresar al pasado para recoger las virutas y hacer reparaciones. Remendar no es sencillo, requiere de un autoanálisis sincero. El secreto consiste en buscar el primer momento, la primera persona, la primera situación que haya sacado de tu escultura esa viruta, la raíz de tu dolor para empezar a buscar el perdón. Si deseas cambiar tus resultados tienes que modificar las acciones y si esas acciones están limitadas por pensamientos y sentimientos dañinos o antiguos, debes empezar a transformarlos.

Advierte que los cambios se hacen de adentro hacia fuera, transforma lo invisible para que se haga visible. Este libro hace énfasis en el perdón, en invitarte a que invoques el auxilio del arcángel Zadquiel. Cuando perdonas nace una conexión mágica e intangible que funciona como pegamento y aunque perdonar puede tardar años, estoy segura que algún día la paz y el regocijo que da conocer el verdadero perdón te dotará de la fortaleza necesaria para hacer de tu escultura una figura férrea. Sigue adelante, tallando, puliendo ese interior, extrayendo toda la belleza que tienes dentro.

Pensamiento de afirmación: Tengo la capacidad y la fuerza para restaurarme, para perdonar y soltar el pasado, aprender de los errores y recuperar mi escencia. Soy un ser completo, las experiencias me fortalecen y me dan sabiduría.

VI. Pasos breves para una transformación positiva

"Materia proviene del vocablo en latín mater que significa madre. El mundo físico es la madre, por que la materia es el vientre o cáliz al que el espíritu desciende. La materia es el instrumento del espíritu. Permite que éste se exprese. La materia sería la flauta y el espíritu, el aire que introducimos. Sin nuestra flauta —nuestro instrumento físico— el espíritu no puede tocar su canción a través de nosotros. Y cada uno contiene una canción singular que espera ser escuchada".

Tus siete centros de energía, Elizabeth Prophet y Patricia Spadaro.

Sé que es imposible que tu vida cambie de la noche a la mañana, aún no se ha inventado un aparato para que eso suceda, que extraiga los residuos innecesarios de la mente, el corazón o limpie aquello que no queremos en nuestra vida. Lo que sí es posible, es que quieras e intentes modificar tus acciones y hagas un plan para ello con la finalidad de mejorar; y poder tocar esa canción singular que hay en tu interior.

A continuación te presento doce pasos que te ayudarán a lograr una transformación positiva.

1. Acepta el pasado y déjalo donde está

Haz las paces con tu pasado, míralo como un aprendizaje. El pasado debe ir acompañado tanto del perdón como del agradecimiento, pues hay actos, situaciones o personas que nos lastiman o que nosotros lastimamos, cosas que dejamos de hacer, acciones equivocadas y un sin fin de acontecimientos que influyeron en nuestras decisiones hasta llegar a lo que somos o en lo que nos hemos convertido, no obstante, debemos dejar al pasado en el pasado y aprender de él, es la única manera de avanzar, aceptando y perdonando sin lamentos. Es indispensable comprender las situaciones o actos que nos provocan dolor para poder trabajar en soltarlos mediante el perdón, aprendiendo a vivir en el momento presente, dejando atrás aquello que nos detiene, no sin antes tomar lo mejor de esa enseñanza. Pues el pasado es algo que ya no está, sólo existe en tu mente y si lo traes constantemente al momento actual te ancla a una situación inexistente y te pierdes tu propio presente, que es lo único que tienes. ¿De qué sirve estar dando vueltas en el mismo pensamiento o recuerdo si nada se puede hacer para cambiar el pasado? Eckhart Tolle menciona: "Cuando recuerdas el pasado, reactivas una huella de la memoria pero lo haces en el presente, sin embargo, nada puedes hacer en el pasado, pues lo que ocurre, ocurre ahora".

2. Elimina apegos

El apego es una adhesivo emocional, una atadura invisible que te convierte en esclavo, te vuelve dependiente y cuando esto ocurre incrementa tu ansiedad. Es importante soltar esas dependencias, ya que el apego puede derivar en obsesión o exigencia cuando has basado tu felicidad en otro ser humano, o cosas materiales, en el dinero o los vicios buscando seguridad o satisfacción. ¿Por qué esa necesidad de depender de alguien o de algo? ¿De dónde nació? ¿Por qué no puedes soltar? ¿A qué le tienes miedo? ¿Qué estás tratando de sustituír o de cubrir con ese apego? Los apegos tiene mucha relación con tu desarrollo en la infancia, también con la fuerza de voluntad y el establecimiento de hábitos positivos. Así como mencioné en *Cambia tus verbos,* debemos modificar las palabras y acciones que nos dañan para sustituirlas por positivas, así debemos modificar esas falsas necesidades que nos limitan. Lo principal es detectar a qué o a quién tienes o sientes apego y si ese apego está causando estragos en tu vidas, si es así ha llegado el momento de plantearte si requieres ayuda profesional para combatirlos.

3. Expresa tus sentimientos

Cada vez que exteriorizas tus sentimientos, fortaleces una parte importante de tu seguidad y autoestima, pues estás en tu propio control, además cuando dices y haces lo que piensas o sientes estás actuando en perfecto balance con tu fuente interna, actúas de acuerdo a lo que persigues.

4. Se congruente con tu verdad

Si eres congruente con tus palabras, actos, pensamientos y deseos, te sentirás pleno e íntegro. Muchos de los problemas que acarreamos son precisamente porque no seguimos esos deseos. Aquí una pequeña historia que quiero compartirte:

"La idea que tenía su abuela de una diversión a lo grande consistía en tomar un tren con destino a Chicago, llevar puesto un gran sombrero y pasear por la avenida Madison contemplando los escaparates como una dama elegante. Contra viento y marea o porque era su destino, se casó con un granjero, se fue a vivir con él a la región de los trigales y ahí empezó a pudrirse en aquella bonita granja que tenía justo el tamaño adecuado, con los niños adecuados y el marido adecuado. Ya no le quedó tiempo para la frívola vida que antes llevaba. Demasiados niños, demasiadas tareas femeninas. Un día, años más tarde, tras fregar a mano el suelo de la cocina y la sala de estar, se puso su mejor blusa de seda, se abrochó su falda larga y se encasquetó un gran sombrero. Después se introdujo el cañón de la escopeta de caza de su marido en la boca y apretó el gatillo. Todas las mujeres saben por qué fregó primero el suelo".

Mujeres que corren con los lobos, Clarissa Pinkola Estés.

Esta escena puede ser drástica, sin embargo, con este ejemplo me queda claro que cuando no seguimos ese instinto, esa ilusión que nos motiva (cualquiera que sea) estamos sofocando el espíritu, apagando el alma y morimos poco a poco, agonizamos en vida. No estamos siendo congruentes con nuestra verdad, con lo que grita el interior. Hoy en día nos bombardean de anuncios negativos, nos limitan el panorama, nos venden la idea de una felicidad errónea y entonces, empiezas a olvidarte de tus sueños, de tus metas, de lo que te hace realmente feliz. A pesar de esto, tenemos que ser concientes de que la peor barrera es creada por nosotros mismos y hay que aprender a saltarnos para encender el fuego de la pasión. La pasión alimenta el alma.

Mario Benedetti, en su novela *La tregua* escribe: "La vida es muchas cosas (trabajo, dinero, suerte, amistad, salud, complicaciones), pero nadie va a negarme que cuando pensamos en la palabra vida, cuando decimos, por ejemplo, que nos aferramos a la vida, la estamos asimilando a otra palabra más concreta, más atractiva, más seguramente importante: la estamos asimilando al placer".

A sus maravillosas palabras yo agregaría, sin que suene arrogante o pretencioso; **al placer de sentirnos felices cuando escuchamos el interior**, pues este nos brina la congruencia necesaria para estar en armonía.

5. Busca un lugar para disfrutar del silencio

El silencio para muchos suele ser incómodo, pues en realidad el silencio permite que escuches tus pensamientos. Estando en silencio es cuando puedes escuchar mejor tu voz interior, la brújula que tanto menciono. El silencio está lleno de verdad y de luz, si te molesta es que te hace falta aclarar tus pensamientos, ahondar en tus problemas, cerrar círculos o perdonar. Acallar el pensamiento con ruido, atiborrarse de actividades, algunos quizá con salidas, fiestas, televisión o demasiado trabajo, hará que sólo generes confusión en tu interior. Por eso el silencio es tan temido o evitado, porque te obliga a escucharte. A ti, ¿qué te dice?

6. Abre tu mente para entender el problema

En el fondo, todos sabemos qué nos molesta. Aquí lo primordial es tratar de ver el problema con ojos ajenos (acción nada sencilla, no por eso imposible) si nos ponemos a pensar, los problemas inician por un sentimiento negativo. Cuando nos hacemos conscientes e intentamos ver la situación desde un punto de vista neutro, tomamos mejores decisiones. Me gusta mucho el mensaje de sabiduría tolteca que el doctor Miguel Ruiz menciona en su libro *Los cuatro acuerdos*, con la frase: "No te tomes nada personalmente", nos obliga a poner cierta distancia entre aquello que puede llegar a lastimarnos, molestarnos o incomodarnos. Intenta actuar con desprendimiento y ser objetivo, verás que una vez interpuesta tu distancia sin "engancharte" resolverás mejor cualquier inconveniente.

7. Visualiza lo que quieres y créetelo

El poder de la mente como se ha escrito en muchos libros, visto y comprobado a través de los años, es un recurso atrayente de energía y de poder. La mente y la visualización son un imán, por tal motivo debemos tener cuidado con lo que deseamos atraer a nuestra vida. Cuando cursé la preparatoria, tuve un maestro que nos decía: "Si quieren alcanzar algo empiecen fingiendo y terminarán creyendo". Esa frase la puede aplicar a mi vida cuando decidí dedicarme a escribir, aún no tenía nungún libro publicado, no tenía idea de cuál sería el proceso ni las dificultades que enfrentaría pero yo ya pregonaba que era escritora. El querer lograr mi sueño me llevó a la práctica: leer mucho y escribir mucho para sentir y vivir en esa frecuencia, hasta la fecha lo sigo haciendo, es una rutina que no se debe perder. No sólo con imaginarlo pasará, hay que volverlo un hábito, hasta sentir que ya es parte de nuestra vida.

Para alcanzar una meta debes reestructurar tus conductas, haberla creado en tu mente primero y buscar los recursos que te llevarán a lograrla, saber que enfrentarás obstáculos y saldrás adelante, creer que lograrás la meta propuesta te dará la fuerza que necesitas. No olvides: **Lo piensas, lo sientes, lo haces y lo vuelves realidad.** Y eso se puede aplicar a cualquier deseo que tengas, es cuestión de plantear con claridad el objetivo.

Neville Goddard dijo: "Somos patrones mentales del hábito. Asume que eres lo que quieres ser".

8. Limpia el resentimiento

Para sanar el interior no existe otra manera que el perdón, como ya he mencionado, es un proceso de introspección y de sanación que lleva su tiempo. La vida es muy corta como para andar cargando con piedras sobre los hombros. Busca liberarte del resentimiento, te daña sólo a ti, pídele a los ángeles que te auxilien, hazlos partícipes de tu vida. Es recomendable aclarar cualquier molestia o dolor con la persona que atañe (en caso de que haya una persona de por medio) pero si no te atreves o no te sientes preparado para hablar, puedes hacer lo siguiente: Toma una hoja y una pluma. Escribe a manera de carta todo lo que te molesta y quémalo. Es un ritual muy sencillo pero que aunque lo dudes es curativo. Recoge las cenizas y espárcelas en el campo, en el mar, o donde tú quieras, y pide que salga de ti todo sentimiento negativo. Puede parecerte irrelevante, no obstante la mente es muy poderosa y como seres humanos necesitamos algo físico para comprobar; vuelca tu dolor o resentimiento en esa hoja y permite que la lumbre y el viento coopere con tu causa.

9. Busca alternativas

Existen diversas opciones que pueden ayudarte a encontrar soluciones, como libros, ejemplos de otras personas o ayuda profesional. También contarle a alguien cómo te sientes o quizá escribir tus sentimientos como ejercicio depurativo puede serte muy útil. Recuerda que siempre hay una luz, una puerta, una oportunidad para alcanzar un mejor crecimiento interno. Sólo tienes que tener el deseo de lograrlo.

10. No dejes de lado lo divino

Sea cual sea tu creencia, aférrate a ella, pues el ser humano necesita fortalecer su espíritu y alimentar el pensamiento de forma positiva, llenarse de tranquilidad y sentirse protegido. En los momentos de desesperación tener fe ayuda a sobrellevar y enfrentar las adversidades. Cree en algo, no olvides que todos los problemas tienen una solución espiritual basada en el amor.

11. Haz lo que te gusta

Cuando encuentras tu vocación, tu pasión, tu misión o lo que te llena, te olvidas de los pesares y disfrutas el momento, vives la experiencia, te recargas de bríos y contagias a los demás. Son vitaminas para tu espíritu, por eso es indispensable hacer lo que te gusta apasionadamente, porque vale la pena, porque ahí es donde se encuentra gran parte de la felicidad.

12. Sé fuerte: aléjate de personas dañinas

Una de las acciones más difíciles cuando las emociones te dominan, es reunir la fuerza para alejarse de personas dañinas, marcar límites entre gente que aprecias como amigos o familiares, quizá sientas una obligación, le estás agradecido por x o y circuntancia, probablemente crees amar o lo amas con toda el alma, a sabiendas de que ese amor te provoca dolor (ten claro que el amor no duele, el amor es plenitud, no sufrimiento), tal vez eres consciente de que debes poner distancia pero te sientes débil, o es probable que exista un apego. ¿Qué hacer para tomar el control?, ¿de dónde tomar fortaleza? La respuesta dependerá de cada individuo, sin embargo, cuando estamos trabajando en fotalecer el interior, reestructurando el amor propio, retomando el balance y haciendo todo lo posible por seguir el camino que nos hemos trazado; el alejamiento se vuelve algo obvio y necesario en la mayoría de los casos, puesto que romper los patrones de conducta también incluye poner distancia entre gente tóxica. Reconocer la situación es indispensable, aceptar que necesitas alejarte de alguien es un avance y si no puedes por ti mismo: ¡Pide ayuda!

Pensamiento de afirmación: Decido vibrar con una energía alta, transformando todo pensamiento y acto negativo en positivo. Soy capaz de hacerlo sin problema, pues mi actitud ayuda a ello. Acepto y asumo con conciencia y responsabilidad quien soy.

VII. El miedo

"La base psicológica para vencer el miedo y adquirir aquella confianza en nosotros mismos que tan útil ha de sernos en la vida, es la ejecución del acto que nos causa temor. No hay ningún otro camino".

Dr. Henry C. Link

¿A qué le temes? El miedo es una emoción natural que desde siempre ha acompañado al hombre para alertarlo y ponerlo en guardia sobre el peligro. Sin embargo también el miedo es uno de los principales obstáculos que limitan el crecimiento del ser humano cuando éste se convierte en una inseguridad.

Existen ciertos miedos que son un patrón de conducta aprendido desde la infancia; podría decirse heredado, en su gran mayoría por los padres. Tener miedo a la soledad, a perder la seguridad económica, a perder el amor de una pareja, miedo a correr riesgos, miedo al cambio, inclusive miedo al qué dirán, por mencionar algunos. El miedo es una sombra que te persigue y te estanca.

Debes saber que nada puede lastimarte a menos que lo consientas, el miedo y los temores no pueden hacerte daño si no se lo permites. El miedo se desintegra con amor y fe, con la confianza y convicción de que eres fuertes, que eres energía positiva.

En el libro *La etiología del miedo*, Osho comenta que:

"El miedo sólo existe en el mecanismo de la mente. Y la mente no es otra cosa que el conjunto de los condicionamientos recibidos de otros. Siempre que te encuentres con algo nuevo tu mente te dice:

—Espera, esto es muy extraño; es algo que no habías hecho nunca antes. No hagas nada que no hayas hecho; no lo hagas porque es arriesgado. ¿Quién sabe cuál será el resultado?

La mente es siempre ortodoxa porque vive a través de programas. Ella quiere que sólo hagas aquello que ya has hecho porque en eso eres bueno, eres eficiente. Y es más seguro porque ya sabes hacerlo".

Si te haces consciente de cuáles son tus temores, podrás analizarlos y enfrentarlos desde una perspectiva más objetiva. Ver de cerca el problema y la raíz de tu miedo para saber qué hacer con él, qué medidas tomar para transformarlo y aplicar soluciones como pequeños cambios de conductas, modificaciones de vida, terapias, etc., de tal manera que el miedo se convierta en un fortalecedor para ti.

Es importante tomar en consideración que la raíz de la fuerza personal está en conocer nuestras debilidades, entre ellas los miedos. No podemos crecer con miedo ni desde el miedo, ya que el mundo y la vida misma, es evolución y el ser humano debe adaptarse a los cambios, crecer con ellos.

Abordar el tema del miedo es muy complejo, está relacionado también con los apegos, con el pasado, con el deseo, la madurez, el perdón, con muchas circunstancias a las que nos enfrentamos a diario. Esta es una invitación a la introspección, a la recapitulación de los temores y planteamientos a futuro, de aceptar lo que te ancla, lo que te invita a volar, lo que debes dejar atrás o perseguir.

Comparto este pensamiento de Doreen Virtue, el cual me pareció interesante, podemos empezar por pedir que se liberen nuestros miedos y se suelten nuestras cadenas:

"Libero mis miedos antiguos porque ellos nunca fueron parte de mi verdadero ser. Soy fuerte ahora y siempre, poseo mi poder con amor y gracia, avivando con pensamientos bondadosos, emociones positivas y fe total".

VIII. El ego

El ego es todo lo contrario a la sencillez. Es esa vocecilla que nos grita por más, es otra manera de nombrar a la ambición, es un animal hambriento que vive dentro de nuestro ser y se alimenta del *Yo*. Todo a nuestro alrededor influye para que el ego crezca, la misma sociedad nos impulsa a eso; a ser competitivos, a tener cada vez más cosas materiales, títulos, reconomientos, etc., con la falsa idea de que *eso* nos hace mejores. En ocasiones se confunde el ego con exceso o carencia de autoestima, aunque en lo personal considero que son dos cosas distintas, ya que se puede tener un autoestima elevado y no por eso exceso de ego. El ego siempre está buscando satisfacer tus deseos con base en parámetros sociales, lo cual no permite que despiertes la consciencia de tu ser.

En el glosario teosófico de H.P. Blavatsky se menciona que la filosofía esotérica enseña la existencia de dos egos en el hombre: el ego inferior o personal y el ego superior o espiritual. El ego personal, es el hombre físico en unión con su yo inferior (pasiones, deseos, instintos animales), es la falsa consciencia del ser, una careta que pretende llenar los vacíos materiales o terrenales. Y el ego espiritual, es el alma espiritual en estrecha unión con la mente, la cual entiende, comprende y practica que el ego personal no es verdadero. El ego espiritual nos obliga a ser mejores internamente, es el que busca y persigue la divinidad, (se entenderá mejor este ego cuando se lea el chakra corona). Es importante que te cuestiones si estás enfocando tu manera de vivir acorde al ego inferior o superior y podrás ver si estás trabajando en tu evolución.

Osho, en *El libro del ego*, cuenta un historia interesante para ejemplificarlo:

"Alejandro Magno tenía enormes problemas. Su yo interno quería ser el

conquistador del mundo, y casi llegó a conquistarlo. Digo casi por dos razones. En su época, no se conocía la mitad del mundo, por ejemplo América. Y además, entró en la India, pero no la conquistó; tuvo que retirarse. No era muy mayor, sólo tenía treinta y tres años, pero durante aquellos treinta y tres años se había limitado a pelear. Se había puesto enfermo, aburrido de tanta batalla, de tanta muerte, de tanta sangre. Quería volver a su patria para descansar, y ni siquiera logró eso. No llegó a Atenas. Murió en el camino, justo un día antes de llegar ahí. Pero, ¿y la experiencia de toda su vida? Cada vez más rico, más poderoso y después su absoluta impotencia, al no ser capaz ni siquiera de retrasar su muerte veinticuatro horas. Había prometido a su madre que una vez que hubiera conquistado el mundo volvería y lo pondría a sus pies como regalo. Nadie había hecho semejante cosa por una madre, de modo que era algo único. Pero aún rodeado de los mejores médicos se sintió impotente.

Todos dijeron: "No sobrevivirás. En ese viaje de veinticuatro horas morirás. Será mejor que descanses aquí, y quizá tengas alguna posibilidad. No te muevas. Ni siquiera creemos que el descanso te sirva de mucho. Te estás muriendo. Te acercas cada vez más, no a tu patria, sino a tu muerte, no a tu hogar, sino a tu tumba. No podemos ayudarte. Podemos curar la enfermedad, pero no la muerte. Y esto no es una enfermedad. En treinta y tres años has gastado tu energía vital en luchar contra esta nación y contra la otra. Has desperdiciado tu vida. No es enfermedad, simplemente has gastado tu energía vital inútilmente".

Alejandro era un hombre muy inteligente, discípulo del gran filósofo Aristóteles, que fuera su tutor. Murió antes de llegar a la capital. Antes de morir le dijo a su comandante en jefe: "Este es mi último deseo que debe cumplirse".

¿Cuál era aquel último deseo? Algo muy extraño. Consistía en lo siguiente: "Cuando llevéis mi ataúd a la tumba, debéis dejar mis manos fuera".

El comandante preguntó: "Pero, ¿qué deseo es ese? Las manos siempre van dentro del ataúd. A nadie se le ocurre llevar un ataúd con las manos del cadáver fuera".

LA LLAVE

Alejandro replicó: "No tengo muchas fuerzas para explicártelo, pero para abreviar, lo que quiero es mostrar al mundo que me voy con las manos vacías. Pensaba que era cada día más grande, más rico, pero en realidad era cada día más pobre. Al nacer llegué al mundo con los puños apretados, como si sujetara algo en mis manos. Ahora, en el momento de la muerte, no puedo irme con los puños apretados. Para mantener los puños apretados se necesita vida, energía. Un muerto no puede mantener los puños cerrados. ¿Quién va a cerrarlos? Un muerto deja de existir, se le ha escapado toda la energía y las manos se abren por sí solas. Que todo el mundo sepa que Alejandro Magno va a morir con las manos vacías como un mendigo".

El hombre se preocupa más por conseguir en vida logros que alimentan el ego personal y no el ego espiritual. Cuesta trabajo despojarse de los patrones aprendidos del deber-ser, que es lo que se espera de nosotros, pues es difícil ir en contra de la corriente. Aunque una vez que se entiende y se vive intentando despojarse de esa condición del Yo inferior, entras en otra frecuencia que no concibe limitaciones y se disfruta la vida de diferente manera, saboreando de los placeres que a simple vista parecen los más pequeños, aunque en realidad son los más grandes...esos que te alimentan el alma.

Pesamiento de afirmación: Me libero de todo ego personal y decido practicar la humildad. Poco a poco voy despojándome de aquello que me ata y no permite despertar mi consciencia. Soy un ser humano libre, sencillo y luminoso.

NURKIA RUDAMETKIN

CAPÍTULO 3

I. Las siete leyes o prinicipios de la metafísica

"El propósito de los poderes ocultos es acelerar el desarrollo personal, acelerar nuestra evolución y ayudar al mundo como un todo, no sólo al mundo de los humanos, sino al mundo de la naturaleza, de los animales, de todo".

La caverna de los antepasados, Lobsang Rampa.

La búsqueda de la verdad es una tarea compleja a la que el hombre se ha enfrentado desde sus inicios. Tratar de comprender: ¿Qué es la verdad? ¿De dónde venimos? ¿Hacia dónde vamos? ¿Qué hacemos en el planeta tierra? ¿Cuál es nuestra finalidad como seres humanos? ¿Qué hay más allá de lo visible? Son preguntas que a lo largo de nuestra existencia todos nos hemos cuestionado alguna vez y aún en la actualidad siguen siendo un misterio. Esa curiosidad nata ha provocado que a través del tiempo, los estudiosos indagaran sobre el tema y brindaran un poco de claridad en dichas interrogantes.

En el antiguo Egipto —cuna de la sabiduría secreta—, se pensaba que la alquimia no nada más era la transformacion de los elementos materiales en oro, sino en realidad era la transmutación del pensamiento: el cambio de las vibraciones mentales para obtener un control sobre sí mismo en conjunto con la energía del cosmos.

Este libro no tiene otra prentensión más que la de compartir de una manera sencilla dichas leyes (para quienes no estén familiarizados con ellas), aplicándolas a tu vida y acciones obtendrás todo lo que deseas, siendo también estos principios una vía para alcanzar el balance interior, al igual que expandir nuestro conocimiento en el inmenso abanico de posibilidades que ofrece el universo.

¿Qué es metafísica?

La palabra metafísica proviene del griego *meta*, que significa sobre, más allá y *phisica*, las cosas del mundo material externo. A la metafísica el diccionario la define como la rama de la filosofía que estudia la naturaleza, estructura, componentes y principios fundamentales de la realidad. También como lo que está más allá de lo físico, dividido en dos ramas: El estudio del ser y el estudio de lo divino; el cual es inmenso.

Conny Méndez, reconocida mundialmente como una gran estudiosa de la metafísica, menciona que: "La metafísica es el estudio de las leyes mental-espirituales y que no se debe relacionar con el espiritismo".

La metafísica aborda siete leyes o principios herméticos: (mentalismo, correspondencia o reciprocidad, vibración, polaridad, ritmo, causa y efecto, y, concepción o generación) donde se engloba el gran conocimiento que durante miles de años sólo fueron practicados por un grupo limitado de personas —eruditos en dichas cuestiones—, pues en su momento se mantuvieron en secreto por temor a que se hiciera mal uso de tal sapiencia (ya que es muy poderosa). Se les conoce como prinicipios herméticos gracias al filósofo egipcio Hermes Trismegistro, en griego su nombre significa; *el tres veces grande* y a él se le atribuye ser el que originalmente formuló dichos principios.

Se ha dicho que estos principios o leyes invariables no son para todos, que muy pocos pueden entenderlas o que llegan a la persona adecuada en el momento preciso. Sin embargo, hoy, esta sabiduría, este arte mental, está al alcance

LA LLAVE

de todos.

Es probable que para despertar a la consciencia y poner en práctica toda esta información, se tenga que modificar paradigmas, esquemas o patrones mentales, de lo contrario será el símil de "una semilla sin germinar". Espero este conociemiento germine en ti y te ayude a lograr un bello florecimiento en todos los aspectos de tu vida.

Estos siete principios, a pesar de que están separados para su mejor entendimiento, en realidad son sólo uno, comprendamos entonces que se hace la distinción para poder asimilar cómo funcionan, pero no dejemos de lado jamás que actúan en conjunto, son indivisibles y repercuten en nuestra vida los conozcamos o no.

"Son siete los principios de la verdad: el que comprenda esto perfectamente, obtendrá la clave mágica ante la cual todas las puertas del Templo se abrirán de par en par".

El Kaybalión.

1. Prinicipio de mentalismo

"Todo es mente, el universo es mental".

Comprendamos al todo como: esto, eso, aquello que vemos, lo que no vemos, lo que podemos alcanzar a entender y lo que no entendemos, así como la materia, el espíritu, la energía, el tiempo, nuestra realidad y otras realidades, el infinito, el universo, la vida —decir todo, lo abarca todo—.

Se dice que el universo fue creado por una mente poderosa que mantiene el orden perfecto de las cosas, un orden establecido y lógico, esto se aprecia desde el micro hasta el macro cosmos, nos enseña que nada es producto del azar y todo ocurre por una razón. Este principio afirma que la mente es el arquitecto que va contruyendo los cimientos en el plano físico. Todo nace en la mente y desde la mente. La mente se va llenando de todo lo que vemos, escuchamos, olemos, tocamos, probamos así como todo lo que se mueve o está (en apariencia) intacto a nuestro alrededor y, con base en eso construimos proyectos, metas, sueños, inclusive los miedos y limitaciones. Pensar positivo o negativo está en nuestra mente. Si crees que puedes lograr algo lo lograrás, si dudas de ti no será posible lograrlo, pues estás saboteándote al sentirte derrotado; al ponerte barreras limitantes que nacen en tu mente. Tú eres el artista de tu destino, tu edificas gran parte de tu historia; piensas y actúas de acuerdo a lo que tu mente ha imaginado. Vamos "rellenando" nuestros archivos mentales conforme crecemos y experimentamos la vida. Crear es volver visible lo invisible, es tender un puente que manifiesta tus realidades. El pensamiento se conforma de vibraciones que te envuelven y se proyectan en el plano terrenal. Los grandes científicos, investigadores, artistas, ingenieros, toda persona creativa está siguiendo las ideas que les dicta su mente. Todo lo que nos rodea está pensado desde este principio, así ha sido y así será. Como ves, todo es mente. Es aquí cuando debemos analizar nuestros patrones de pensamiento para entender por qué actuamos como lo hacemos. Estamos regidos por nuestros condicionamientos pasados y los viejos hábitos que se crean en la mente. Si entendemos que la mente es un instrumento de la consciencia, es una obligación despertar esa conciencia para desbaratar los paradigmas que no nos permiten avanzar.

Neville Goddard dijo lo siguiente: "Aprended a usar vuestro poder imaginario con amor, en beneficio de los demás, pues el hombre está moviéndose en un mundo donde todo está sujeto al poder de su imaginación".

Debemos ser conscientes de que nosotros creamos en gran medida nuestra realidad desde el interior de la consciencia, manifestamos lo que somos precisamente por esos pensamientos que nos conforman. Una vez que tenemos claro quienes somos y qué queremos, mantendremos el equilibrio y el poder sobre nosotros mismos al momento de dirigir el pensamiento y el sentimiento. Tus pensamientos son la puerta de entrada que conecta tu consciencia con tu espíritu, al mismo tiempo que te entrelaza con todo lo que te circunda y las personas que te rodean.

El escritor y conferencista Raimon Samsó dice lo siguiente: "El poder de la imaginación acompañada de la emoción crea el camino para una mente genial. Una mente convencional es aquella que se basa en la percepción de los cinco sentidos, la lógica y la memoria. Pero, para lograr una mente genial debes además agregar intuición (que es saber algo sin saber cómo) e intención (crear, hacer, manifestar)".

Deseo que tus pensamientos sean vibraciones elevadas que te auxilien al momento de enfrentar cualquier situación.

Como puedes comprobar, la fuerza que tiene la mente tanto para atraer como para lograr lo que deseas es incalculable, si crees que puedes; podrás, tanto como si piensas lo contrario. La mente es el arma más poderosa que tenemos, puede ayudarte a crecer, a sanar o destruirte.

2. Principio de correspondencia o reciprocidad

"Como es arriba es abajo, como es abajo es arriba".

La reciprocidad es esa correspondecia mutua, una armonía que produce balance. Este principio hace referencia a los distintos planos: físico, mental, emocional o espiritual, también a los que no están a nuestro alcance de comprensión. Podríamos poner el ejemplo de una hormiga. Tiempo atrás leí en una revista especializada en la naturaleza que la hormiga es un animal muy parecido al hombre, pues las hormigas construyen sus ciudades y hasta sus hospitales. Lo cual a nosotros nos puede parecer hasta cierto punto increíble, pues los animales se guían por instinto ¿no?, ahora si nos ponemos a pensar que las hormigas estando en un plano físico "inferior" al nuestro pueden llegar a contruir espacios para curar a los de su misma especie, ¿por qué algunos no pueden al menos aceptar que existen otros planos y dimensiones, y que nos pueden estar observando así como nosotros observamos a las hormigas?

También podemos aplicar este principio a la manera en que vemos la vida; cómo tus pensamientos son una proyeccción de tu alma en relación a lo demás. Siendo así que la reciprocidad se va a manifestar siempre en todo lo que hagas, repercutirá en todos los planos, pues es un ciclo que debe cumplirse.

El nombre del principio lo dice por sí mismo, *"recíproco: igual en la correspondencia de uno a otro"*. Tu recompensa en la vida llegará a ti en la medida en que hayas actuado, te dará lo que hayas dado, en este plano o en el próximo; tomando en consideracion que al decir el plano próximo también me refiero al siguiente paso de evolución.

3. Princpio de vibración

"Nada está inmóvil, todo se está moviendo; todo vibra".

Para entender este principio debemos partir de que todo es energía, por tanto, todo vibra, nada está inmóvil. Lo que cambia es el grado de frecuancia vibratoria donde se encuentre. Podemos decir que desde un átomo hasta los planetas, pasando por los seres vivos y los objetos, así como nuestros pensamientos y sentimientos, todo está en vibración. Todo se mueve, todo cambia. Si te fijas en los objetos, aunque no parezca se desgastan con el tiempo, están vibrando a una frecuencia muy lenta pero vibran. También podemos aplicar aquí el apartado de *Cambia tus verbos* pues tus palabras repercuten en tí y en los demás, lo que haces, lo que dices o lo que piensas vibra en sintonías altas o bajas. La vibración más baja es el material más duro, lo que podemos tocar y ver. La vibración más alta no se puede ver, como el sonido o los seres de luz que están en otros planos. Un pensamiento o sentimiento positivo vibra altísimo, en cambio un pensamiento o sentimiento negativo es muy lento. Los estados de ánimo vibran enviando al espacio sonidos y colores que nuestro ojo y oído humano no alcanza a distinguir, pues se encuentran dentro del plano sutil, como el etéreo.

Nosotros vibramos a través de deseos, sentimientos, emociones. Cuando tus pensamientos y tus acciones están en sitonía con aquello que deseas, eso que deseas se manifiesta porque está en ti, en tu mente inconsciente, en el deseo mismo y reflejas esa vibración. Por eso es tan importante que exista una congruencia entre cuerpo, mente y espíritu, en lo que haces y lo que dices, pues estás generando una vibración real y genuina. En cambio cuando existen dudas, o no confías en tu propio potencial, inclusive cuando quieres lograr algo pero no actúas acorde a ello o tu subconsciente está bloqueado, estás vibrando en diferente sintonía que tu deseo. Piensa: ¿Estás logrando tu deseo? ¿Qué tienes que cambiar?

¿Actúas con congruencia? ¿Cómo estás vibrando?

Busca siempre elevar tu estado de ánimo, tu pensamiento y tus acciones para atraer vibraciones elevadas.

4. Principio de polaridad

"Todo es dual; todo tiene dos polos; todo, su par de opuestos: los semejantes y los antagónicos son lo mismo; los opuestos son idénticos en naturaleza, pero diferentes en grado; los extremos se tocan, todas las verdades son semiverdades; todas las paradojas pueden reconciliarse".

Todo tiene dos polos. Todo es opuesto y aunque son los extremos de la misma cosa, sólo se diferencia por los grados donde se encuentran. Podemos verlo en el plano físico, por ejemplo: el frío y el calor es lo mismo, sólo varían en grado, o viajando por los puntos cardinales como el este y oeste, norte o sur. También vemos que ocurre lo mismo con el color negro y blanco o el día y la noche, la luz y la oscuridad, la gama de colores es cuestión de grado, lo duro y lo blando, lo positivo y lo negativo ¿Puedes decir dónde inician y dónde terminan? En el plano mental podemos mencionar el caso del amor y el odio o el bien y el mal, siempre existe lo opuesto; el valor o el miedo es otro ejemplo. Las cosas diferentes no pueden trasmutarse unas de otras, no puedes cambiar el negro en amor, o el blanco en odio, pues no son lo mismo, pero sí puedes transmutar lo de igual clase. Puedes cambiar tu estado de ánimo y tu sentimiento, tu interpretación de lo que te rodea abriendo o cambiando tu consciencia. Pregúntate: ¿Qué quieres ver? ¿Desde qué polo quieres vibrar? Si escoges el lado negativo tendrás lo que a él se refiere o si escoges el lado positivo tendrás de igual manera lo que a éste le corresponde. Lo importante aquí es que sepamos transmutar la frecuencia para elevar la energía, con la finalidad voluntaria de dominar tus emociones y pensamientos. El polo que elijas para tu vida depende de ti. Ahora ya sabes que no es que tengas que desaparecer algo de tu vida, (pues nada se destruye, sólo se tranforma) sino cambiarlo de grado conscientemente. Conociendo este principio nos percatamos de la importancia de hacer modificaciones en nosotros y podemos entender también cómo es que podemos aplicarlo hacia los demás o en alguna situación.

5. Principio de ritmo

"Todo fluye y refluye; todo tiene sus períodos de avance y retroceso; todo asciente y desciende; todo se mueve como si fuera un péndulo; la medida de su movimiento hacia la derecha, es la misma que la de su movimiento hacia la izquierda; el ritmo es el equilibrio".

Todo fluye y refluye. Estamos dentro del caudal de energía que se eleva o cae, todo se mueve en exacta dirección, pues esto hace que exista el equilibrio; este principio lo vemos en todos los planos y hasta en nosotros mismos, por ejemplo: nacemos, crecemos, llegamos a la madurez, y emprendemos el descenso, o lo vemos en nuesrto estado de ánimo, sentimientos o emociones. Debemos aprender a usar este principio igual que todos los anterios, porque tanto tus acciones, pensamientos y palabras, regresán a ti en igual medida cuando menos lo esperes. Estas leyes siempre se cumplen.

No culpes a otros de tus desgracias o acontecimientos, son simplemente el resultado del ritmo que hayas aplicado a tu vida. Es ese movimiento oscilatorio de ida y vuelta, del que tus acciones no se escaparán. Así que no olvides que existe esta ley pues no hay manera de evadirla. Es aquí cuando decimos que *"todo se regresa"* o *"todo se paga en esta vida"*. Y no es que la vida te lo cobra o un Dios injusto, es que todo lo que haces viene a ti como el movimiento del péndulo.

En una ocasión estaba trabajando en una empresa en el área de importaciones, y cometí un error al enviar una factura equivocada, lo que provocó que la mercancía que esperaba el departamento de producción no llegara a tiempo. El gerente de planta estaba tan molesto conmigo que no le importó soltar su furia delante de todos los presentes, y me insultó diciéndome que era una inepta y que todo el retrazo era por mi culpa. Me sentí tan mal pero no tenía armas para defenderme pues en realidad había cometido un error, aunque lo que me molestó fue que no le importó humillarme delante del personal en lugar de hablarlo en privado. Pasaron algunos años y esa empresa cerró. Después me contrataron en una fundación como asistente de dirección y gran parte del trabajo consistía en reuniones con empresarios, presisamente para recaudar fondos. Un día una de las reuniones importantes se llevó a cabo en un restaurante muy conocido de la ciudad. Me encontraba con varios empresarios del puerto e inclusive el presidente municipal. Fue ahí cuando me acordé de este principio, el ritmo, pues quien estaba tomando mi orden era precisamente aquel gerente que me humilló delante de todo el personal. Recuerdo que me saludó inclinando la cabeza y me dijo "¿Qué tal?" Mientras me servía el café. No fue necesario gritarle, bajar mi vibración y contagiarme con su ira en aquel momento cuando me humilló, pues el tiempo se encargó de hacerle saber a esta persona que un día estamos arriba y otros abajo. El mundo da muchas vueltas y la ley del péndulo es irrefutable.

6. Principio de causa y efecto

"Toda causa tiene su efecto; todo efecto tiene una causa; todo sucede de acuerdo con la Ley; la suerte no es más que el nombre que se le da a una ley desconocida; hay muchos planos de causación, pero nada escapa a la Ley".

Las casualidades no existen, todo ocurre por una razón y

lo que te ocurre a ti es el resultado de lo que has sembrado en tu vida El universo actúa como un espejo, siendo esto un reflejo de tus acciones también, pues para toda causa existe un efecto y para todo efecto una causa, con eso podemos decir que nada sucede casualmente, sino que es el resultado de aquello que se ha hecho, deseado o pensado. Podemos tomar a los pensamientos, emociones o acciones como semillas, recogerás tan sólo lo que siembras. No puedes recoger paz si haz sembrado discordia. En esta ley se puede comprobar el principio del ritmo donde toda acción tiene una reacción, por tanto; no tengas duda de que recibirás el pago por tus acciones. Nosotros mismos somos los causantes de todo lo que nos acontece: cómo llevas tu vida, cómo está tu salud, cómo son tus relaciones con familiares y amigos, si existe felicidad o tristeza, abundancia o carencia, todo lo anterior y más es el resultado de tus causas.

Ser conscientes y responsables de lo que pensamos, hacemos, decimos y sentimos, es imprescindible; pues enviamos un mensaje determinante al universo y éste, responderá con la misma intensidad vibratoria de aquello mismo que llevamos en nuestro subconsciente. Es aquí cuando debemos insistir en escucharnos y modificar el pensamiento, saber que como te desenvuelves hoy, como actúas hoy obtendrás el resultado mañana.

7.Principio de concepción o generación

"La concepción existe por doquier; todo tiene sus principios masculino y femenino; la concepción se manifiesta en todos los planos".

Este principio se refiere a la dualidad mental. El ser humano contiene en sí mismo dos géneros: el masculino y el femenino. La palabra género proviene de la raíz latina que significa *concebir, generar, crear, producir o procrear* y es importante no encasillarla solamente con la palabra sexo femenino o sexo masculino, enfocándonos y limitándonos al plano físico o vida orgánica, sino a algo más complejo y profundo en toda su dimensión y demás planos.

El principio femenino se refiere a la intuición, la imaginación y el poder de visualización; es considerada la mente pasiva y, el principio masculino la mente objetiva; éste abarca todas aquellas acciones concretas que se hacen en el momento. Por eso es tan importante unirlas, compenetrarlas; recordar que todo nace en la mente y del deseo de crear algo. Sabiendo que este principio por separado no se puede cumplir o llevar a cabo, ya que es requerida la fuerza del pensamiento y la acción en conjunto. Aplicar la consciencia y el espíritu, lo visible y lo invisible, incorporar nuestra dualidad. En este principio se evidencia que aunque la imaginación es la fuerza más grande de todas, no se podrá obtener un resultado sin la firme determinación de actuar.

No hay duda de que estas siete leyes metafísicas están conectadas a ti, a mí, al cosmos, a todo. Sabemos que **somos mente** y formamos parte de la **reciprocidad del universo** porque **vibramos** junto con él. Tú decides en qué **grado** quieres estar: alto o bajo, sin olvidar que nuestras acciones **regresarán** a nosotros en la misma medida de nuestros sentimientos, pensamientos o acciones, ya que la ley de **causa y efecto** se encargá de mantener el equilibrio. Ahora conoces que puedes **adecuar tu mente pasiva y objetiva** para alcanzar lo que deseas. No olvides que estas leyes aplican para todo y somos parte de ese todo.

Te comparto mi experiencia, un ejemplo donde resumí las siete leyes de la metafísica:

La mañana del 23 de octubre de 2013, al estar haciendo mis estiramientos tuve la visión de un libro blanco con una llave antigua en el centro, titulado *La llave*. Hoy se ha cumplido el primer principio en mi mente, partiendo de que todo es mente. Cuando empecé a trabajar en él se hizo presente el segundo principio: reciprocidad, donde esos pensamientos (reflejo del alma, al igual que todo lo que somos como personas en el plano físico, mental y espiritual) se formaron con palabras para darle un sentido a dicho libro. Luego con el principio de vibración; yo al escribir y tú al leer estamos compaginados dentro de la misma energía, que parece inmóvil, sin embargo ya está surtiendo un efecto en mí y en ti: nos conectamos por este medio. En cuanto al cuarto principio de polaridad, podemos decir que este mismo libro imaginado, puesto en un plano físico, que vibra a través de las palabras, tiene dos polos: positivo (que te guste) o negativo (que no te guste). Por mi parte sólo intento de la forma más humilde mostrar opciones que me parecen interesantes y compartirlas. Si todo se mueve como un péndulo de acuerdo al quinto principio del ritmo, este libro encontrará sus lectores, habrá quienes lo ignoren o lo critíquen, pero eso está bien, pues todo es avance y retroceso, todo asciende y desciende, mis ideas son las ideas de otros y las ideas de otros son las de otros tantos y así el ritmo va tomando su propio camino. El penúltimo principio de causa y efecto, también se hace presente en este ejemplo, pues la mente que ha creado una causa (el propio libro) como efecto puede tomarse la materia física en sí, pero lo más importante es la reacción que puede provocar en ti las pocas o varias ideas que transmito en este libro. Mi causa es compartir lo que siento. Espero provoque un buen efecto. Y por último, el principio de la generación o concepción de igual manera se aplica, pues mis dos mentes, la femenina y la masculina se unieron para volver realidad (con trabajo y deseo) esa visión que tuve aquella mañana al hacer mis estiramientos.

Este libro es metafísica, hablar de energía, de ángeles, de luz, de mente, de sentimientos, de miedo y de ego, de todo lo que circunda al ser humano, sus recuerdos, de lo que nos inculcaron, todo redunda en lo mismo, porque somos lo mismo, somos parte de ese todo.

Podemos separar los principios para su conocimiento, pero al final son uno solo. Aprópiate de estas leyes, levántate cada día sabiendo que puedes modificar tu vida con consciencia para atraer abundancia y manifestar todo lo que deseas.

Nuestro objetivo como seres humanos es crecer, buscar alternativas para sanarnos y mejorar, espero estos apuntes te sirvan, aunque son enseñanzas que ya conoces, sin la decisión de cambio y la consciencia de que necesitas hacerlo seguirán aquí, plasmadas, sin efecto. Haz alquimia con tus pensamientos, con tus acciones, no dejes de transformarte, el cambio es lo único certero, sigue tu búsqueda.

II. Rompe tus patrones limitantes

Partiendo de que todo es mente, lo primero que debemos hacer para empezar a romper los patrones que nos limitan es observar el propio pensamiento. Hacer consciencia de cómo pensamos, de qué nos decimos a nosotros mismos y lo más importante: saber de dónde proceden dichos pensamientos. Indagar en la raíz. ¿Son nuestros o heredados? Por ejemplo: haz una lista de todas esas afirmaciones, frases, o comentarios limitantes y que todos hemos escuchado, como: "no puedo, no sirvo, no se me da, no me alcanza". Luego comprende, entiende el origen del por qué piensas o actúas de tal o cual manera y si tu proceder tiene relación con las frases que anotaste. Una vez siendo consciente de tu pensamiento, sepárate de él, intenta velo desde otro ángulo, haz una disociación, despréndete con determinación; para así poder volver a reprogramarte, cambiando esas viejas conductas por nuevas y positivas en todo sentido. Lo que yo hago es que cuando me sorprendo a mí misma con pensamientos poco alentadores por no decir negativos o tristes, trueno los dedos y digo: "desaparece, anúlate, no me sirves" y de esta manera me hago consciente y en automático cambio ese pensamiento por otro que me haga sentir bien en ese instante.

Todos tenemos la opción de cambiar lo que aprendimos, de ver que en realidad gran parte de los pensamientos o creencias, al igual que los miedos no son nuestros, sino heredados o transmitidos por alguien más. Decide hoy adoptar nuevas maneras que contribuyan a tu prosperidad. No olvides que todo eso en lo que pones atención crece, se expande, es una ley universal pues atraemos aquello que pensamos.

Si tu subconsciente, que es la mente del inconsciente, no cambia la información programada del pasado que está frenando o bloqueando a la mente consciente (lógica), no podrás hacer que aquello que deseas se alinie a ti (acuédate del principio de vibración), puesto que el subconsiente se basa en tus emociones profundas arraigadas, entonces, si dices que: "sí puedes, sí sirves, sí se te da y sí te alcanza" pero no has eliminado o limpiado de tu "archivo mental subconsciente" el sentimiento que te produce, quedarás donde mismo, relamente creerás que no puedes, no sirves, no se te da y no te alcanza. Pero... ¿ en realidad no puedes? Tú decides.

La palabra decisión viene del latín *decidere*, que significa eliminar cualquier otra alternativa. Entonces, elimina aquello que no te deja crecer, reacondiciona tu pensamiento, truena los dedos y di contundente: desaparece, esfúmate, no me sirves a todo lo que esté limitándote y ¡Ve por aquello que quieres!

El universo escucha y percibe al sentimiento, no a tu falsa acción o palabras huecas, por decirlo de otra manera: el universo sabe cuando mientes y hablas de "dientes para afuera", de tal manera que sólo verá que hay una contradicción en ti, pues te estás autosaboteando y no podrá darte aquello que pides porque no estarás vibrando en la misma sintonía que tu deseo.

Enfócate, ten valor y paciencia, comprométete a cambiar. El universo, te regalará todo lo que quieras y si aún no has sabido aprovechar todos los beneficios que nos otorga, hoy es un gran día para empezar.

El conferencista Agustín Bravo, en una de sus pláticas mencionó una frase que yo he adoptado a mi pensamiento y hoy te comparto, dile al Universo: "Dame más, porque necesito más para crear más".

Las leyes metafísicas son muy espirituales, persiguen el equilibrio en todo aspecto, invitan a la práctica de energía positiva, de limpieza mental, de fortaleza de espíritu y sobre todo la búsqueda creativa de producir más abundancia y armonía a tu alrededor. Comprender cada una de las leyes metafísicas y llevarlas a la práctica de la vida diaria, ayudará a tu incremento en todo sentido (físico, mental, espiritual, emocional) pues es una reacción en cadena:

Pensamiento + Sentimiento + Acción = Resultado.

El pensamiento y el sentimiento nacen en el plano espiritual. La acción es el puente que entrelaza el plano espiritual con el plano físico para obtener un resultado. De nada sirve pensar, declarar o repetir afirmaciones si no ponemos manos a la obra para generar un cambio.

III. Atrae la abundancia a tu vida

- Haz una lista de tus pensamientos negativos aprendidos o heredados e intenta modificarlos por positivos.

- Aumenta la confianza que tienes de ti mismo, cree en ti y en que lo que haces genera progreso en todo sentido.

- Aleja los resentimientos y busca el perdón.

- Rodéate de gente positiva que te enseñe con el ejemplo.

- No olvides que el humano es un ser que puede modificar lo que desee mediante el hábito, por tanto, proponte metas habituales y no desistas, es la mejor manera de transformar un patrón o crear uno nuevo.

- No trates de cambiar a otros, no gastes tu energía.

- Este mundo es causa y efecto: lo que tengas ahorita se deriva de tus causas, de lo que haz hecho con tu vida, tus acciones, tu salud, tu trabajo, tus relaciones, etc. Por tanto empieza a ser consciente de cómo actúas, siembra lo positivo para recoger esos frutos.

- Utiliza tus dones, conoce tus talentos para generar abundancia. Las personas más felices son las que usan sus talentos para ayudar a los demás.

- Conquístate a ti mismo, no te limites.

- Repite afirmaciones o declaraciones en voz alta, de tal manera que cada célula de tu cuerpo empieze a cambiar al sentir la vibración de tus palabras y tu mente inconsciente las reconozca, al tiempo que practicas o buscas llevar a la práctica dichas afirmaciones con acciones reales.

- Reconoce que eres valioso y siéntente merecedor de todo lo bueno que hay en tu vida.

- Deja de flajelarte o sentirte la víctima, pues al victimizarte saboteas tus pensamientos. No olvides que el destino de tu vida está en tus manos.

- Ten fe, cree que algo más grande y maravilloso nos inunda con su amor. Siente su energía y siéntete dispuesto y abierto a recibir toda la abundancia que mereces.

- Enfrenta los retos, no permitas que un problema te haga sentir pequeño, gran parte del éxito radica en enfrentar tus problemas y salir adelante en las adversidades.

- Piensa en grande, piensa que todo lo puedes.

"Eres hijo de Dios. Que jueges a ser pequeño no sirve al mundo. Nada hay de iluminado en encogerte para que otros no se sientan inseguros en tu presencia. Todos fuimos hechos para brillar, como brillan los niños. Nacimos para manifestar la gloria de Dios que llevamos dentro. Esa gloria no está sólo en algunos de nosotros, está en todos. Y al dejar brillar nuestra propia luz, inconscientemente damos permiso a otros para hacerlo también. Al liberarnos de nuestro miedo, nuestra presencia libera automáticamente a otros".

Volver al amor, Marianne Williamson.

CAPÍTULO 4

I. Chakras

Chakra viene de la palabra sánscrita (lengua clásica de la India) que significa *círculo* o *rueda*. De acuerdo a la cultura Hindú, los chakras son centros de energía, motores de luz que se encuentan localizados a lo largo de la columna vertebral, los cuales encienden nuestra fuente interna para sanar, depurar y mantener el equilibrio entre el cuerpo, la mente y el espíritu. Una vez que nos hacemos conscientes de la ubicación y la aplicación que cada chakra tiene en nuestro cuerpo y nuestra vida, podemos empezar a generar cambios de una manera más sencilla y consciente, pues la mente, que es el instrumento de la consciencia, tendrá un punto de referencia para direccionar el pensamiento y la concentración.

Es importante ver a nuestro cuerpo físico como una guía o un mapa que devela el interior para localizar cualquier desbalance. Al hacer introspección encontramos la raíz de eso que nos causa molestia o dolor. El cuerpo utiliza los chakras para liberar energía, cuando algún punto de luz se encuentra congestionado el cuerpo se enferma. Aprender a integrar y despertar con consciencia los chakras requiere: decisión, esfuerzo, meditación, autoanálisis y práctica. Es un compromiso que se hace consciente y con el fervoroso deseo de avanzar para lograr la prosperidad en todo sentido. Se consigue con perseverancia, pues es necesario destruir esas limitaciones que crean una barrera impidiendo nuestro crecimiento interno, como el ego inferior y los apegos: yugos que no permiten otra opinión a la personal.

Cuando activamos nuestros centros de luz despertamos esa conciencia universal que nos conecta con algo más grande y poderoso.

Quiero aclarar que aunque los chakras también se energetizan mediante meditación profunda, mi intención es distinta. Pretendo dar a conocer el conocimiento básico de una manera que no implique técnicas elevadas de la práctica mental ya que si la persona no está preparada puede ser peligroso; se pueden abrir puertas (desde un plano espiritual) que en lugar de ayudar al cambio positivo resulta lo contrario. Baso mi propuesta en hacer primero un autoanálisis que ayude a despertar el chakra desintegrando patrones de conducta. La idea es localizar y conocer lo que representa cada chakra, analizarlo para saber si existe un desbalance y, si es el caso, equilibrarlo por medio de la congruencia de tus actos y pensamientos, rompiendo y cambiando todo aquello que esté constriñendo su fluidez energética. Tenemos que partir de que nuestro cuerpo físico es energía, de que todo es energía y somos energía, es importante establecer el vínculo con nuestra fuente de luz para elevar el ser.

Si sentimos que no vamos por el camino que queremos seguir, estamos desorientados, cansados, tristes o no podemos expresarnos con facilidad; pueden ser algunas de las señales de que existe un desequilibrio en los chakras, lo que termina perjudicando no sólo a nuestro estado de ánimo o el cuerpo físico, sino que también repercute en las relaciones que tenemos con los demás.

A continuación desgloso los siete chakras más importantes: Raíz, Sacro, Plexo solar, Corazón, Garganta, Frente o tercer ojo y Corona; dónde se encuentran localizados, cuáles órganos abarcan y qué controla cada uno, de tal manera que puedas conocer cuál o cuáles de ellos están cerrados y así te conscientices y motives para equilibrarlos e iniciar un cambio en tu vida.

1. Chakra Raíz

Le corresponde: Soporte físico del cuerpo, base de la columna, piernas, huesos, pies, recto y sistema inmunitario.
Color: Rojo.
Elemento: Tierra.
Funciones: Instinto primario, supremacía, seguridad.
Modelo: Madre tierra / Víctima.
Afirmación: Yo tengo derecho a tener, yo tengo.

Este centro de energía se encuentra localizado en la base de la espina dorsal y está relacionado con el núcleo de la tierra; es el que nos conecta con el campo magnético de la naturaleza y el mundo. Se mueve a través de las piernas y los pies, llenando de energía los tejidos del cuerpo y la sangre.

Tiene relación con el instinto de supervivencia para satisfacer necesidades básicas como alimento, techo, cobijo; así como el propio comportamiento en grupo, el medio ambiente y nuestro hábitat. También con lo que hacemos para encontrar nuestras destrezas, realizar lo que nos gusta y practicar la vocación.

Este chakra es el cimiento o la base de la salud mental y emocional, pues se origina en la unidad familiar y el primer entorno social; guarda la energía heredada para la vitalidad así como la predisposición a la enfermedad física. Algunos conocedores sobre el tema lo clasifican como el chakra tribal, pues a este chakra le atañen las enseñanzas de la sociedad, es aquí donde acarreamos con los prejuicios y las actitudes impuestas tanto por la cultura, la iglesia y la familia.

La faz positiva de este chakra es cuando sabemos reconocer que somos capaces de proporcionarnos a nosotros mismos la seguridad física y emocional. La faz negativa es cuando la persona tiende al abatimiento, las dudas y la depresión.

Es importante analizar cómo tratas los problemas a los que te enfrentas en relación con lo que se te ha inculcado y lo que realmente quiere tu espíritu, si eres capaz de romper con alguna costumbre o carga que te perjudica.

Eliminar los obstáculos que impiden la plena consciencia de este chakra no es sencillo, requiere de valor para tomar decisiones y escoger la vida deseada. El miedo a correr riesgos es un ejemplo de que este chakra está débil, o repetir patrones impuestos por terceros aún a sabiendas de que no los quieres en tu vida y/o careces de fuerza o coraje para romperlos.

La obstrucción de este chakra hace que la persona se sienta debilitada o con falta de energía. Algunos trastornos físicos cuando este chakra está desbalanceado pueden ser: depresión, tumor o cáncer rectal, dolor crónico de la parte baja de la espalda, dolor del nervio ciático, várices.

Sólo tú sabes si tienes un desbalance en este chakra y si requieres escuchar esa necesidad de tu alma. Cuando ves más allá de la situación y aceptas qué te está faltando o fallando, puedes dar un paso hacia el crecimiento, empiezas a despertar tu consciencia. Es aquí donde la palabra "congruencia interna" toma mayor sentido. ¿Estás viviendo una vida acorde con lo que tu primer instinto te pide? o ¿Estás vivendo lo impuesto por tus padres o familiares? ¿Vives pendiente de lo que la sociedad marca a pesar de no sentirte feliz con ello?

Al analizar tu vida, tus costumbres y aclarar tus deseos primarios, sabrás si necesitas o no elevar este chakra. Para balancear este chakra (independientemente si deseas hacer cambios de trabajo, enfrentar personas e inclusive moverte de ciudad) mantenerte en contacto con la naturaleza puede ser de gran ayuda para ir equilibrando tu energía, recuerda que este centro de luz es el más básico y el que nos enlaza con el ser indómito y animal que llevamos dentro. Por tanto, ejercitarte y estar en contacto con la naturaleza te ayudará a cobrar fuerza. Pues el arquetipo positivo de la madre tierra nos ayuda a sentirnos protegidos y con las raíces fuertes. En cambio el arquetipo negativo tiende a hacer que la persona se sienta una víctima de todo lo que le ocurre, culpando a otros y mermando su confianza.

Alguna vez tuve este chakra debilitado. Empezaba a deprimirme y no me daban ganas de hacer ejercicio, llegaba a mi casa después de la jornada laboral, sin ánimo. Fue una etapa difícil en la que estaba insegura de renunciar a mi trabajo para perseguir mi sueño de escribir, pues no es sencillo romper con lo que te han inculcado, lo que dicta la sociedad y sobre todo renunciar a la seguridad económica. Después de pedir señales, escuchar mi instinto y con el apoyo de mi marido, me armé de valor para iniciar una nueva etapa, de la que no me arrepiento, ha sido lento y arduo, pero gratificante. ¿Quién ha dicho que la búsqueda de la felicidad es sencilla?, ¿que la vida en sí es fácil? Ahora estoy de nuevo en contacto con la naturaleza, he regresado a hacer ejercicio, persigo mi vocación, practico mi misión de vida y camino por el sendero que mi instinto me dicta.

Decreto para despertar el Chakra Raíz:

Me acepto tal cual soy. Estoy agradecido con la vida y las experiencias positivas y negativas que me han hecho crecer. Pertenezco a este lugar y eso me hace feliz. Construyo con constancia y estabilidad mi vida porque escucho a mi instinto y actúo con lo que me pide.

Preguntas para saber cómo estás en relación con este chakra:

a) ¿Cómo me siento físicamente?
b) ¿Soy saludable? ¿Me levanto con energía?
c) ¿Estoy contento con el mundo que me rodea?
d) ¿Estoy agusto en mi casa? ¿En mi trabajo?
e) ¿Hago lo que me gusta?
f) ¿Actúo acorde con mi interior o con lo que la sociedad impone?
g) ¿Qué tanto me importan los comentarios de terceros?
h) ¿Estoy consciente de cuáles son mis patrones heredados y cuáles son creados por mi?
i) ¿Me gusta mi cuerpo? ¿Lo valoro, lo cuido?
j) ¿Qué tengo que hacer para cambiar lo que no me gusta?
k) ¿Sé cuál es mi vocación?
l) ¿Cuál es mi modelo dominante: la madre tierra o la víctima?

Demasiado abierto: Persona desafiante, muy materialista y centrada en sí misma.

Cerrado: Baja autoestima, conducta autodestructiva, personalidad temerosa.

En equilibrio: Tiene un buen dominio de si mismo, se siente saludable y con gran energía física.

2. Chakra Sacro

Le corresponde: Los órganos sexuales, intestino grueso, vértebras inferiores, pelvis, apéndice, vejiga y zona de las caderas.
Color: Naranja.
Elemento: Agua.
Funciones: Emoción, energía sexual y creatividad.
Modelo: Emperador o emperatriz / Mártir.
Afirmación: Yo tengo derecho a sentir, yo deseo.

El nombre en Sánscrito para este chakra es *Swvatistana* que significa mi dulce morada, refiriéndose a la felicidad de compartir la propia presencia encontrando el placer, la felicidad y la salud.

Este segundo campo de luz está en la pelvis. Se liga a las ideas de placer y el sentido de la sexualidad, así como las emociones afectivas y la capacidad de aceptar que merecemos una buena vida en todos los sentidos. A diferencia del chakra raíz, que busca satisfacer las necesidades básicas y la importancia de grupo, aquí se satisfacen las necesidades físicas personales para mantener un dominio en todo lo que tenemos a nuestro alcance (trabajo, amor, decisiones, dinero, etc.), se refiere a la actitud con todo lo que se tiene y cómo te sientes en relación a las cosas. Cuando sentimos perder el control aparecen los desequilibrios que también están relacionados con la elección; esto es: qué elegimos para nuestra vida y por qué. ¿Escogemos porque así se nos inculcó?, ¿elegimos tal cosa o situación, porque eso es lo que se espera de nosotros? o ¿Escuchamos nuestro deseo real? Luego entonces aparecen los miedos por temor al rechazo o la crítica al sentir culpabilidad de no estar cumpliendo con los patrones heredados.

Es en este chakra donde se establecen los límites de los apetitos sexuales y físicos. Es muy común que algunos trastornos físicos como dolor de espalda, dolor del nervio ciático, potencia sexual, dolor pélvico, problemas urinarios o trastornos tocológicos o ginecológicos, sea una manera en que el cuerpo exprese su represión.

Abrirse a la aceptación del placer sexual sin culpas y de una manera sana ayuda al crecimiento emocional de este chakra, así como también entender y aceptar el placer en todas sus formas. Cuando negamos las emociones o se retienen, este chakra se empobrece, repercutiendo además de las disfunciones físicas, en cambios de estados de ánimo, como la tristeza, insatisfacción o autoestima baja.

Este motor energético controla el magnetismo del placer de los sentidos y desarrolla también los valores personales: ¿qué quiero?, ¿qué permito?, ¿qué deseo? Este chakra controla el apetito (no sólo sexual) y, su descuido puede provocar falta de fuerza de voluntad. Si este chakra está balanceado nos sentimos fuertes y empoderados de nuestras emociones, hay confianza en dar, expresar y recibir sin complejos. Aquí el arquetipo del emperador o emperatriz se proyecta.

Cuando existe un desbalance se tiende al extremo y los excesos —de ahí la importancia de poner límites—; si no se marca dicho límite en aquello que nos genera satisfacción momentanea, como el sexo, el alcohol, las drogas, la comida y todas aquellas acciones compulsivas, se va formando un hábito dañino que a la larga debilita el autoestima y nuestro cuerpo. Este ejemplo es muy común: quieres cambiar tu dieta y por una semana te limitas de todo lo que te gusta como dulces, panes, café, etc, la idea es bajar de peso, pero es tanta tu resistencia que no puedes seguir con la dieta por más de una semana y pasados los siete días lo primero que haces es devorar todo aquello que no comiste durante ese tiempo, entonces, al verte o sentirte débil caes en ese círculo vicioso donde tu estado de ánimo merma, el autoestima baja y te dices a ti mismo que no puedes y que no eres capaz de tener fuerza de voluntad. Lo ideal es que vayas reduciendo de tu dieta poco a poco las porciones, que marques límites, y esto aplica en y para todo, desde tus acciones hasta tus relaciones afectivas. El imponerse límites no quiere decir que no se va a disfrutar de la experiencia, cualquiera que esta sea, sino que hay que aprender a vivirla sin culpa y con responsablidad, con la fuerza que da el autocontrol de una conciencia plena. En el caso de un adicto, será necesario recurrir a ayuda profesional.

En este chakra se centra la energía creativa, que es la mejor manera para elevar el centro de luz. Si este chakra está bloqueado también se reconoce por la falta de creatividad, pues cuando estas satisfecho, te expresas y creas sin dificultad. También, cuando existe un desequilibrio en este chakra, hay un cierto complejo de inferioridad, en algunos casos se despiertan las pasiones fuertes con tendencia negativa; como los celos, que acrecentan la inseguridad. Tener dominio de las emociones y sentimientos sin querer controlar a terceros es una buena medida para ir elevando este chakra. Somos un espejo y reflejamos el interior. Así que busca satisfacerte plenamente y dejar de ver tus acciones como un error o una falta; (no hay por qué martirizarse) en su lugar establece límites, suelta cuando tengas que soltar algo que te hace daño o lastima, acepta tus errores y no te resistas al cambio, se honesto y congruente. No seas un mártir.

Decía Helena Roerich que: "El requisito principal para progresar es ser sincero con uno mismo".

El abuso de los placeres (cualquiera que sea) debilita el autoestima y éste se incrementa cuando sanas tus heridas, haces las paces con tu pasado y cultivas el interior, así como enfocarte en cumplir con lo que te has prometido. Algo tan simple como respetar la meta de comer una rebanada de pastel, caminar dos vueltas a la cuadra en lugar de una o levantarte a la hora programada en el despertador, van haciendo que sientas respeto por tus decisiones y crezca tu confianza. "En esos pequeños juicios se ve reflejada la fortaleza".

Para desarrollar la fuerza en este chakra, es importante descubrir qué te apasiona, qué te llena de inspiración y qué te motiva, de forma tal que encuentres armonía en alguna actividad creativa; y así la ansiedad (ese estado de agitación en el ánimo) se vea desviada hacia posibilidades más armoniosas, obligándote a ver la belleza en lo que te rodea, atrayendo equilibrio y belleza para ti.

Intenta sentir deleite al disfrutar desde un chocolate, una copa de vino, ver el atardecer, darte un baño o hacer el amor, siéntete pleno, con consciencia y agradece por cada instante para elevar la energía de este chakra. Pueden ser muchas las razones por las que no estés expresando tus deseos o que te culpes por sentir, sin embargo, está en ti empezar a buscar soluciones, sólo tú sabes cómo te sientes. La mayoría de los problemas de pareja se dan porque este chakra está debilitado, por no compartir abiertamente lo que se quiere, y no hablo nada más de lo sexual aunque es un punto muy importante, sino en todos los aspectos. Recuerda que somos más felices cuando no retenemos las emociones.

Decreto para despertar el chakra del placer:

Merezco sentir placer y elimino las barreras que me lo impiden. Deseo experimentar la paz y la tranquilidad que emana mi cuerpo al estar satisfecho. Siento la experiencia de la abundancia en mí. Estoy saludable, soy saludable.

Preguntas para saber cómo estás en relación con este chakra:

a) ¿Me siento pleno sexualmente?
b) ¿Puedo expresar mis deseos sexuales?
c) ¿Puedo dar y recibir placer sin culpa?
d) ¿Qué veo cuando me miro al espejo desnudo?
e) ¿Sé ponerme límites?
f) ¿Me consiento?
g) ¿Qué me hace sentir creativo?
h) ¿Construyo mi entorno con base en esa creatividad?
i) ¿Cuál es mi modelo dominante: emperador/emperatriz o mártir?

Demasiado abierto: La persona se siente emocionalmente desequilibrada, es fantasiosa, manipuladora, tiende a ser adicta al sexo.

Cerrado: Persona muy sensible, sienten culpa, son duros consigo mismos, sufren de frigidez o impotencia, viven con sensación de carencia.

En equilibrio: Viven con congruencia, acorde a sus sentimientos, son expresivas, confiadas y creativas.

3. Chakra del Plexo solar

Le corresponde: Abdomen, estómago, hígado, intestino delgado, vesícula biliar, riñones, páncreas, bazo, glándulas suprarrenales, parte central de la columna.
Color: Amarillo.
Elemento: Fuego.
Funciones: Mente, poder, control, libertad propia.
Modelo: Guerrero espiritual / Esclavo del trabajo.
Afirmación: Yo tengo derecho a obrar, yo puedo.

El nombre en Sánscrito para este chakra es *Manipura* que significa Gema brillante. Este tercer centro de energía se ubica en el estómago, debajo del diafragma. Funge como filtro de energía para los órganos vitales y ayuda con la digestión. De igual forma como ayuda con la comida para un nivel físico, también lo hace con la mente para las ideas. En este chakra se encuentra la fuente de poder personal. Conforme se desarrolla el sentido de identidad y se escucha esa voz intuitiva, el chakra del plexo solar se va fortaleciendo. Aquí es donde se sienten las emociones. Este centro de luz se relaciona con nuestro propio valor o autoestima, la confianza en nosotros mismos y la libertad de tomar decisiones claras. También con la manera que enfrentamos al mundo y si vivimos la vida en armonía plena. Es la sede de los instintos, aquí "digerimos" las experiencias de la vida o bloqueamos las emociones, se experimenta la ansiedad o el agobio. ¿Cuántas veces has sentido ese dolor en el estómago que te indica que no vas por buen camino? ¿Cuántas de ellas le has hecho caso? ¿Cuántas ignorado? ¿Cómo te sientes o qué te ha ocurrido después de ignorarlo?

En este chakra se percibe si puedes marcar los límites con honestidad. Aquí es donde el intelecto hace su aparición, la fortaleza de voluntad y el libre albedrío para actuar de acuerdo a tu propio código de honor. Este chakra absorve la energía solar que alimenta nuestro cuerpo etéreo, es donde la parte emocional del ser (el sentir) irradia energía. Un aspecto positivo de este chakra es mantenerse firme ante el miedo y practicar la justicia, igual que el arquetipo del Guerrero Espiritual: es fuerte, valiente y justo en todo momento; por el contrario cuando se carece de estas cualidades se abre el aspecto negativo tendiendo a convertirse en una persona manipulada, explotada o maltratada como el arquetipo Esclavo del trabajo. Caer en los extremos es una de las causas que provoca el desbalance en cualquiera de los chakras. Por ejemplo: si una persona no se acepta o se gusta a sí misma, no podrá tomar decisiones sanas, estará actuando para agradar a terceros, será complaciente o no será capaz de poner límites con tal de sentirse aceptada o aprobada por ese otro alguien. O, puede darse el caso de que por el contrario, una persona sienta deseos de poder y de dominio, ganas de querer demostrar siempre que se sabe más, que se tiene más, que se ha logrado más; lo que conlleva a una compentencia que desvirtúa y aleja del equilibrio, pues siempre se persiguen excusas para probar ese reconocimiento que en el fondo se carece, (cuando entiendes que no debes probar nada a nadie la vida toma otro sentido). Otro aspecto negativo del chakra es buscar siempre una situación "justificada" de tener la razón, con esto el ego inferior se incrementa y no hay manera de que veas la circunstancia desde un punto de vista imparcial. Quizá, por el contrario, te sientas culpable al decir "no" y termines haciendo lo que en realidad no quieres por evitar enfrentamientos al defender tu pensamiento o deseo.

Algunas disfunciones físicas de estre chakra son: artritis, anorexia, afecciones del colon e intestinos, bulimia, diabetes, disfunción suprarrenal, hepatitis, úlceras gástricas. La manera de activar este punto de energía es pensando que puedes lograr todo lo que te propones y que tienes fuerza de voluntad para aceptarte, pero sobre todo tener una actitud positiva al enfrentar los retos de vida y la certeza de que saldrás adelante.

Dectreto para despertar el chakra plexo solar:

Soy un ser lleno de amor, de inteligencia y bondad. Estoy en contacto con mi fuente de poder. Confío en mí y en las decisiones que tomo, pues son las que quiero tomar.

Preguntas para saber cómo estás en relación con este chakra:

a) ¿Soy capaz de defender mis sentimientos y emociones?
b) ¿Actúo acorde con lo que me dicta el interior?
c) ¿Me escucho?
d) ¿Puedo controlar mis estados de ánimo?
e) ¿Manifiesto mis deseos sin agresión?
f) ¿Sé ponerme límites y cumplirlos?
g) ¿Juzgo con facilidad?
h) ¿Tengo confianza en mí y en lo que puedo lograr?
i) ¿Soy responsable de mis decisiones?
j) ¿Sé decir no, cuando no quiero hacer algo o decir algo?
k) ¿Cuál es mi modelo dominante: guerrero espiritual o esclavo del trabajo?

Demasiado abierto: Es una persona adicta al trabajo, se muestra superior, explota en cólera con facilidad, tiende a la crítica y juzga a los demás.

Cerrado: Es una persona insegura, teme a la soledad, se preocupa por lo que digan los demás.

En equilibrio: Es una persona que se respeta a sí misma, a los demás y evita juzgar.

4. Chakra del corazón

Le corresponde: El corazón, sistema circulatorio, pulmones, hombros, brazos, costillas, pecho y diafragma.
Color: Verde.
Elemento: Aire.
Funciones: Amor, compasión, sanación, devoción.
Modelo: Amante / Hipócrita.
Afirmación: Yo tengo derecho a amar y ser amado, yo amo.

El nombre en Sánscrito para este chakra es *Anahata* que significa Intacto.

En este chakra es donde se encuentra la fuerza incondicional de amor, compasión y perdón hacia nosotros mismos y los demás, así como la liberación de cargas negativas del pasado o resentimientos. Aquí es donde se balancea la energía para los tres chakras anteriores (mundanos por así decirlo) y los tres superiores (relacionados con la energía cósmica y universal). En en chakra del corazón se integran y equilibran los diversos aspectos de nuestro ser: es donde se fusionan el espíritu y la materia.

El amor es el motor que mueve al mundo, es el fundamento de lo que somos, lo que nos conecta y nos mantiene en relación unos con otros. El amor es energía positiva.

Un aspecto positivo de este chakra es mantener el amor propio y compartir con los demás ese amor y aceptación, aquí el arquetipo de Amante cobra vida; la persona es libre de espíritu y abre su corazón sin temor, pues está confiada y consciente de que su núcleo del ser está seguro. En cambio un aspecto negativo del chakra es cuando se enmascaran las heridas personales, se cierran a dar y recibir amor, ya sea por miedo, rencores, dudas o temores, o puede darse el caso de que la persona llega a ser deshonesta, malévola o negativa con los que la rodean.

Cuando cargamos dolor en el corazón la comunicación con nuestro interior se obstruye, al igual que la energía con los demás. Puedes engañar a terceros fingiendo felicidad, pero no puedes engañar a tu corazón.

Si recapitulamos los tres chakras anteriores, verás que si alguno está desbalanceado, el corazón también lo está; pues el primero satisface la supervivencia, tu relación de grupo y tu modo de vida, tu entorno y vocación, si hay inconformidad aquí se guarda algún sentimiento en tu corazón. Si el segundo chakra, que es el del placer o deseo está reprimido, también tu corazón se va cargando de negatividad, pues tampoco sientes que vives a plenitud. Si te falta la fuerza del tercer chakra, ya sea por amor propio, decisión para marcar límites o tu corazón está reteniendo recuerdos sin perdón, no podrás seguir avanzando hacia los demás chakras que te hacen entender la energía cósmica y espiritual.

La energía del cuatro chakra nos impulsa a la madurez espiritual y nos lleva al descubrimiento de nuestra naturaleza emocional, nos obliga a dejar de lado el sentir y el pensar desde un punto de vista físico para empezar a escuchar lo que pide nuestra alma y corazón.

Cuando queremos elevar la energía de este círculo de luz, debemos preguntarnos también cómo es nuestra relación mente-razón-emoción. El perdón es la mejor manera de liberar y limpiar este chakra. Tú, ¿qué o a quién tienes que perdonar para dejar fluir la energía atrapada en tu corazón?

Algunos trastornos físicos que se presentan con la obstrucción de este chakra son: fallo cardiaco, asma, cáncer de pulmón, cáncer de mama, neumonía bronqueal.

LA LLAVE

Existen muchos tipos de amor, aunque al final creo que la palabra amor se resume en dar lo mejor de ti, perdonarte a ti y a los demás; entender sin juicio, dar libertad y respeto, ser compasivo y empático. El amor abarca muchos puntos, una diversidad de contrastes, de colores y matices que encierra el sentimiento, pero si lo vemos como energía: es luz. Cuando este chakra está debilitado por la situación que sea, se tiende a la depresión, la inseguridad, los miedos y la desconfianza en el autopoder de mejorar la propia vida.

El miedo a que te lastimen el corazón es normal, pero recuerda que los miedos son aprendidos y no puedes dejar que dominen tu vida. Confiar en que el amor es sanación te da la pauta para crecer y tener fe de que todo va a mejorar, debes aprender a ver qué cambios tienes que hacer, qué modificaciones basadas en el amor y desde el amor hay que realizar.

Recuerdo que en mi etapa adolescente me enamoré, como a todos nos ha ocurrido, y ese chico lastimó mi corazón al engañarme y enterarme de su engaño, sin embargo, no por eso negué una nueva oportunidad al amor o me cerré a empezar otra relación cargando con los miedos del pasado, pensando que "siempre" me van a engañar, pues sería imposible vivir en ese eterno miedo. No somos responsables por lo que otros hacen o dejan de hacer, una vez que se entiende eso, andas por la vida con la confianza de que tu corazón es fuerte. Todos los días es una oportunidad para sanar, no niegues la oportunidad al amor.

Decreto para despertar el chakra del corazón:

Yo soy la fuerza infinita de amor. Soy un ser de luz amado y respondo a ese amor. El amor me inunda, me restablece, me cura.

Preguntas para saber cómo estás en relación con este chakra:

a) ¿Me amo?
b) ¿Cómo veo mis experiencias y mis relaciones pasadas?
c) ¿He perdonado las experiencias dolorosas?
d) ¿Cómo son mis relaciones con los demás? ¿Sanas, conflictivas, tóxicas?
e) ¿Soy empático?
f) ¿Vivo en el presente o traigo constantemente el pasado a mi vida?
g) ¿Soy compasivo?
h) ¿Qué me hace feliz?
i) ¿Por qué hago las cosas que hago?
j) ¿Estoy permitiendo actos, circunstancias o situaciones que en el fondo sé, no debo permitir?
k) ¿Guardo algún resentimiento? ¿Por qué? ¿A quién?
l) ¿Cuál es mi modelo dominante: amante o hipócrita?

Demasiado abierto: Son personas posesivas, se castigan a sí mismas reteniéndose emocionalmente, son muy dramáticas.

Cerrado: Se sienten indignas de recibir amor o por el contrario aman en exceso, son personas que tienen miedo al rechazo.

En equilibrio: Personas que aman incondicionalmente, compasivas, ayuda a los demás.

5. Chakra de la garganta

Le corresponde: Boca, dientes, encías, esófago, garganta, tiroides, tráquea, hipotálamo, vértebras cervicales.
Color: Azul.
Elemento: Éter.
Funciones: Habla, autoexpresión.
Modelo: Comunicador / Ser enmascarado.
Afirmación: Yo tengo derecho a decir y escuchar la verdad, yo hablo.

El nombre en Sánscrito para este chakra es *Vishuddha* que significa Purificación.

Este chakra cubre el área interna y externa de la garganta, el cuello, la boca, los dientes y la quijada. Es el centro de vibración, autoexpresión y sonido. Crea, transmite, controla y recibe las comunicaciones entre nosotros mismos y los demás. La comunicación, es el primer nivel en trascendencia de lo físico, es el puente que conecta el amor y el intelecto, el sentimiento y los pensamientos: a través de este chakra expresamos el amor, la alegría y los miedos.

El lado positivo de este chakra se fortalece con una voluntad sólida, comprometida con la vida y la honestidad al hablar desde nuestra verdad, es el arquetipo del comunicador el que cobra vida. El lado negativo, el arquetipo del ser enmascarado; es incapaz de expresarse abiertamente y con sinceridad.

Cuando el poder de este chakra está disminuido o menguado, es porque existen sentimientos reprimidos, emociones e ideas sin revelar. ¿Cúantas veces te has quedado con ganas de decir lo que piensas? ¿Cuántas otras con gritarle al mundo lo que deseas? ¿Has sentido ese nudo en la garganta que te quema? ¿Cuántas veces lo que dices tiene razón o cuántas no?

Las palabras tienen una fuerza poderosa, una palabra positiva en el momento preciso puede cambiar el rumbo de una persona, al igual que una palabra negativa. Cuando una persona no se expresa, estanca su propia energía y ésta se transforma en negativa por no decir lo que siente, piensa, molesta, etc.

Es de esperarse que si hay obstrucción en este chakra, los chakras superiores también lo están (es una cadena), no hay un flujo de energía que permita una conexión con lo verdadero. Al ocultar lo que se piensa y se siente, se influye en la propia verdad y la libertad de expresión. Esta es la finalidad de este chakra: encontrar tu voz, hacerla respetar en armonía contigo y con los demás. Aceptar sin juzgar tanto otros puntos de vista, acciones o creencias. Es aquí donde entra la introspección: ese autoanálisis profundo que te lleva a enfrentar la carga que traes a cuestas y que requiere consciencia crítica imparcial, es necesario que te observes desde un ojo ajeno.

Según David Pond, un estudioso de los chakras y autor de varios libros, entre ellos *Chakras para principiantes*, explica:

"El quinto chakra está dominado por las facultades mentales superiores que permiten el desapasionamiento, la observación y la síntesis de los distintos puntos de vista de la vida. Al experimentar con estas diversas creencias, usted se vuelve consciente del impacto de ellas sobre su experiencia personal. Familiarizarse con las diferentes religiones y puntos de vista culturales, le permiten afrontar su vida creativamente, al modificar y expandir sus creencias de una manera consciente. Esto conduce a conocer y expresar su propia y única verdad. El quinto chakra impulsa a expresarte de una forma creativa, se trata de la creativida al más alto nivel mental. A medida que la introspección personal se presenta e interactúa con la mente colectiva, así mismo nace la creatividad".

A diferencia del tercer chakra que es donde nace el autocontrol, este quinto chakra es donde nace el autoconocimiento: es buscar, encontrar y defender esa voz que eleva el pensamiento, esa capacidad para comprender y respetar la opinión de terceros. Un buen ejemplo de ello sería el tema religioso, tener esa apertura para entender otras creencias y respetarlas.

Hace algún tiempo estuve leyendo un artículo que hablaba de cuando los españoles llegaron a un pueblo en América del Sur, y se dieron cuenta de que los nativos, al morir los de su tribu, dejaban el cuerpo al sol, mientras los animales carroñeros se comían los restos. Luego de haber dejado el cuerpo un tiempo a la intemperie los huesos al fin se convertían en polvo. Los nativos tomaban ese polvo con el que condimentaban sus alimentos, creyentes de que de esa manera, su cuerpo tomaba la fuerza de los ancestros. Los españoles al ver aquella "atrocidad" empezaron a prohibir que continuaran con la tradición e impusieron su religión. Después de un tiempo, los nativos empezaron a morir de raquitismo; pues el agua que bebían no contenía los minerales suficientes para mantenerlos fuertes, que ellos tomaban de los huesos de sus familiares. Es aquí cuando nos preguntamos, ¿Quién tiene la razón? ¿Cuál es la verdad? Hay veces que es necesario conocer los otros puntos de vista y hacer nuestra propia conjetura luego de analizar y entonces dar una opinión.

Este es el primer chakra que invita a una consciencia individual. A cuestionarnos una vez más: ¿qué tanto es verdad sobre lo que se nos ha enseñado?, ¿cuánto de eso que se nos ha enseñado podemos creer por que lo hayamos vivido o sentido?, ¿estamos abiertos y receptivos?

Las cualidades que le pertenecen a este chakra son la creatividad, la fuerza de voluntad, la verdad, la comunicación y la integridad personal. Cuando se está alineado con el chakra anterior, (el del corazón) se puede seguir con mayor facilidad a este chakra de la garganta, pues sabemos que no podremos dañar a terceros si tenemos bien clara nuestra meta y lo que buscamos en la vida, Caminamos alineados con nuestra verdad espiritual cualquiera que esta sea y a la par con el mundo que nos rodea. Una persona que tiene fuerza en este chakra tiene mayor facilidad para abrirse a los sentidos y desprenderse de ataduras, pues está más cercano al lado espiritual, sigue su instinto, no juzga, es abierto y receptivo.

Por el contrario cuando existe un desbalance, se pueden presentar distintos trastornos físicos como: ronquera, trastornos tiroideos, inflamación crónica de la garganta o gangleos, úlceras bucales, laringitis.

Decreto para despertar el chakra garganta:

Escucho mi voz interior y actúo bajo su influencia. Me expreso con honestidad, sigo mis sentimientos, mi creatividad, mis acuerdos y mis proyectos. Soy íntegro y eso me libera de toda preocupación.

Preguntas para saber cómo estás en relación con este chakra:

a) ¿Me expreso con facilidad y confianza?
b) ¿Respeto las creencias de otros?
c) ¿Hago lo que me gusta para sentirme feliz?
d) ¿Asumo mis responsabilidades o culpo a otros por mis problemas?
e) ¿Contruyo mi vida conforme mis propias creencias?
f) ¿Persigo mis sueños?

g) ¿Doy lo mejor de mi en mis relaciones y en lo que hago?
h) ¿Soy de mente abierta y rompo con esquemas impuestos?
i) ¿Cuál es mi modelo dominante: comunicador o ser enmascarado?

Demasiado abierto: Son personas que hablan en exceso, dogmáticas, santurronas, arrogantes.

Cerrado: Personas muy serias, no tienen confianza, mantienen opiniones incongruentes.

En equilibrio: Personas que tienen una buena comunición, se sienten satisfechas, están artísticamente inspiradas.

6. Chakra de la frente o tercer ojo

Le corresponde: Cerebro, sistema nervioso, glándula pineal, glándula pituitaria, ojos, oídos, nariz.
Color: Índigo.
Elemento: La luz.
Funciones: Intuición, percepción extrasensorial.
Modelo: Psíquico / Racionalista.
Afirmación: Yo tengo derecho a ver, yo entiendo.

El nombre en Sánscrito para este chakra es *Agña* que significa Percibir, conocer.

Este centro energético, se encuentra localizado entre las cejas, sobre la frente y está relacionado con la intuición, el poder de la mente y la inteligencia emocional.

Este chakra es el de la sabiduría. Se relaciona con la capacidad mental, de raciocinio y habilidad psíquica para entender otras creencias e inclusive las propias actitudes. La finalidad de este chakra es abrir la mente para guiarnos por la orientación interior, de tal forma que podamos diferenciar las *"falsas verdades"*.

Para fortalecer este chakra, se necesita tener una mente y un pensamiento claro. La energía en este centro de luz baja cuando se tienen pensamientos confusos, destructivos o existen inquietudes porque en el fondo se sabe que no se actúa con sabiduría.

Cuando este chakra está desarrollado, la persona es abierta espiritualmente y tiene un alto nivel de inteligencia emocional. No se centra solamente en lo que le han inculcado sino que busca más allá de lo visible o lo impuesto, sus demás chakras están equilibrados y eso le permite alcanzar una conciencia de paz y de luz. Indaga en el misterio más allá de la realidad sensorial, es creativa y receptiva.

El chakra del tercer ojo despierta la consciencia energética para que te fijes más en el espíritu y empieces a desarrollar una visión más alejada de lo mundano, es donde se comienza a pensar en la trascendencia hacia otros planos. Al chakra del tercer ojo lo podemos considerar como un instrumento psíquico, al igual que los ojos físicos son un intrumento de la percepción del cerebro, el tercer ojo nos revela lo que es útil, lo que nos ha creado dolor, falta de armonía o sufrimiento.

Los arquetipos o modelos del sexto chakra son una representación misma de los dos hemisferios cerebrales. El modelo psíquico se guía por el interior. Cuando está desarrollado, podemos seguir la intuición y estamos alertas a señales y creemos que algo más grande existe. Su fuerza se siente, no se explica. Hay personas que utilizan este chakra para percibir si alguien tiene buenas o malas intenciones. Con el desarrollo de este chakra se entienden las siete leyes metafísicas de manera natural, puesto que la consciencia abierta, entiende al todo y cómo somos parte de ese todo, cómo fluímos con la energía y así comprendemos todos los puntos de vista. Aquí no hay crítica, ni competencia, tampoco imposiciones, ni luchas, puesto que se emplea una consciencia universal donde se sabe por inercia que somos parte de esa misma consciencia. En cambio el arquetipo racionalista se permite el dominio del hemisferio izquierdo, éstas personas no solamente incluyen a aquellos que toman una idea científica de la vida sino también a los perfeccionistas, controladores, los que no permiten errores en su vida, por tanto no están dispuestos a seguir el interior y en algunos casos, repiten equivocaciones sin aceptar sus culpas.

El desequilibrio en el chakra del tercer ojo puede llevar a una imaginación sin límite provocando desgaste de energía. Si esto ocurre es que se está empleando más la mente que lo que dicta la fuente interior. Esos pensamientos se pueden aquietar con meditación y respiración, (la energía fluye con la respiración). ¿Cuántas veces hemos escuchado: tranquilo, respira profundo? Pues es ahí cuando se llama a la tranquilidad que brinda el sexto chakra. Otro punto para saber si este chakra está desequilibrado es el miedo. El miedo como ya sabemos, son patrones impuestos, se han creado en la mente, y nos impiden crecer o avanzar. Recuerda que el miedo es un arma que utiliza el hombre para dominar a terceros, o en su defecto para sabotearse a sí mismo. Aprende a liberarte de sus cadenas.

Algunas disfunciones físicas cuando este chakra está en desequilibrio pueden ser: ataques epilépticos, problemas de aprendizaje, trastornos de la columna, trastornos neurológicos, embolia, derrame cerebral, tumor cerebral.

Decreto para despertar el chakra del tercer ojo:

Yo soy la intuición y la inteligencia que me guía. Soy conocimiento y lo difundo a otros. Soy la sabiduría del pasado que me ayuda a curar mi presente. Soy el reflejo de mi mismo, soy amor y divinidad.

Preguntas para saber cómo estás en relación con este chakra:

    a) ¿Soy fuerte mentalmente?
    b) ¿Visualizo mis metas y sueños?
    c) ¿Soy capaz de entender la raíz de alguno de mis miedos?
    d) ¿Qué me atormenta?
    e) ¿Aprendo de mis propios errores?
    f) ¿He llegado a crear situaciones imaginarias y plantearlas como reales?
    g) ¿Me trazo objetivos realistas?

LA LLAVE

h) ¿Considero que tengo desarrollada la inteligencia emocional?

i) ¿Cuál es mi modelo dominante: psíquico o racionalista?

Demasiado abierto: Son personas dogmáticas, lógicas, estructuradas, interesadas.

Cerrado: Personas indisciplinadas, temerosas del éxito, tienen a la esquizofrenia.

En equilibrio: Personas intuitivas, carismáticas, no tienen apegos a las cosas materiales, pueden experimentar fenómenos inusuales.

7. Chakra Corona

Le corresponde: Sistema muscular, sistema esquelético, piel.
Color: Violeta.
Elemento: Energía y pensamiento cósmico. (Espacio)
Funciones: Conexión con la divinidad, trascendencia.
Modelo: Gurú / Egocéntrico.
Afirmación: Yo tengo derecho a saber, yo soy.

El nombre en Sánscrito para este chakra es *Sahasrara* que significa Multiplicado por mil.

Este círculo de energía, se encuentra en la parte alta de la cabeza y se expande por arriba del cuerpo. Es el chakra más elevado, es la conexión con la luz y la guía divina. Funciona como un receptor de energía para inspirarnos, guiarnos y protegernos. Nos pone en contacto con la parte permanente del alma y todo lo eterno, se funde en nuestra consciencia y la del universo al mismo tiempo.

Cuando despertamos este chakra entendemos las limitaciones de nuestro Yo inferior y la fuerza ilimitada de nuestro Yo divino. Para alcanzar un mayor estado elevado en este chakra, debemos buscar dentro de nuestro espíritu. Es aquí donde cualquiera que sea tu creencia desees vivir a la par con ella. Todas tus acciones son guiadas hacia la fusión con lo divino, con el bien, el amor y todo lo que genera luz. No se puede forzar, ni fingir, tampoco imponer; pero sí buscar mediante la oración, la meditación y actos de bondad.

Este chakra se vincula a la mente y la lucidez. Si regresamos al primer principio de la ley metafísica: Todo es mente, nos damos cuenta de que es aquí donde se germina todo lo que somos, creamos, pensamos, vemos. Basamos nuestra realidad en la percepción que tenemos desde la mente y, gracias a lo que vivimos y sentimos, creamos el ambiente y le damos el significado a las cosas de acuerdo a nuestra experiencia.

La serenidad es un aspecto importante para equilibrar el chakra, al tranquilizar la mente no hay resistencia ni separación, se vive en el presente sin apasionamientos porque te sientes cómodo con lo que eres y brindas ayuda desinteresada por el sólo placer de servir y vibrar en el círculo de amor que te rodea. Meditar sobre el ritmo que llevamos en la vida y buscar dirigir nuestra energía para relajarnos, pasar tiempo en soledad, liberarnos del orgullo y el ego personal, de manera que podamos poner en práctica la espiritualidad, son formas de acallar nuestra mente. Recuerda, trata de no hacer conjeturas apresuradas, serena tu mente para que puedas ver con claridad.

En este chakra el ego y los miedos no tienen cabida, de lo contrario se desequilibra el círculo de luz. Aquí no hay otra vibración que no sea creer en la energía más poderosa del universo, la fuerza suprema, la divinidad.

Es arduo el camino para llegar a despertar este chakra, cada invidividuo sabe si está o no conectado con el ser supremo. En esta vibración elevada no hay sacrificio, se entiende que si has llegado hasta este nivel de energía, tienes alineados los demás chakras, has superado todo lo que tenías que superar y estás dispuesto a superar aún más, has perdonado, has dejado ir con voluntad y deseo todo aquello que no te permite alcanzar el séptimo chakra. Aquí caminas a la par con tus sueños, tus metas, tus creencias, tu fe, con la confianza de que conforme pasa el tiempo y aprendes de tus actos, creces y confías en lo divino, sabes que estás protegido. Aquí vives y practicas las siete leyes metafísicas. Las personas que han alcanzado este chakra son verdaderos ejemplos de vida, que actuaron y vivieron su conexión con lo divino: Jesús, Buda, Gandhi, la Madre Teresa, por mencionar algunos, pero todos podemos ser un ejemplo de vida, actuando honestamente con nosotros mismos, siendo congruentes, íntegros, buscando ser mejores cada día y luchar por ello, intentando ser como el arquetipo positivo de este chakra: un gurú, un maestro que irradie calma, que cultive sus dones y ayude a otros en ese mismo sentido. Evitando el modelo negativo: el egocetrismo, la arrogancia, centrarse en sí mismo para depender del éxito material e identificarse solamente con lo que se hace y no con quien se es.

Todos los días son oportunos para mejorar y lograr despertar este chakra. Tenemos la misión de ser el reflejo de nuestro yo superior aquí en la tierra y manifestar nuestra naturaleza espiritual.

Decreto para despertar el chakra corona:

Me libero del miedo, de las dudas o de cualquier sentimiento que interfiera con mi crecimiento espiritual. Acepto la presencia divina que trabaja en mí. Rindo mi ego al amor.

Preguntas para saber cómo estás en relación con este chakra:

a) ¿Creo que hay algo más grande y maravilloso?
b) ¿Me siento parte de ese algo?
c) ¿Siento conexión con el espíritu divino?
d) ¿Tengo la capacidad para autoanalizarme con honestidad?
e) ¿Tomo las experiencias buenas o malas de la vida, como un aprendizaje para crecer y desarrollar mi sabiduría?
f) ¿Sé acallar mi mente para fluir en un nivel de energía más elevado?

g) ¿Medito constantemente sobre mis actos, pensamientos y sentimientos?
h) ¿Cuál es mi modelo dominante: gurú o egocéntrico?

Demasiado abierto: Son personas psicóticas, maniaco depresivas, con expresión sexual confusa, frustradas.

Cerrado: Personas que no pueden tomar decisiones, se sienten agotadas.

En equilibrio: Personas magnéticas, reflejan paz y están en equilibrio con su ser y los que les rodean.

Al decidir fortalecernos espiritualmente, modificar hábitos y hacer cambios positivos, aumentamos la energía de los chakras y nos sentimos balanceados; con eso, vamos restando poder y autoridad conscientemente a aquello que nos lastima, perjudica, limita, perturba, etc y que se desarrolla en el mundo físico con relación a nuestra vida, las cosas materiales o las propias preocupaciones (ten presente que cualquier situación tendrá el valor que quieras darle, ya que las cosas no son como las vemos sino las vemos como somos, desde la óptica personal); en su lugar debemos valorar más todo aquello que nos refuerza el espíritu y nos hace sentirnos plenos e íntegros.

Entre más fortalecido tengamos el espíritu, menos contacto habrá con personas, situaciones o experiencias negativas, pues empezamos a vibrar en la energía alta que nos obliga a retirarnos de aquello que nos limita.

NURKIA RUDAMETKIN

ÚLTIMAS PALABRAS

Antes de iniciar este libro escribí los dos primeros enunciados dedicados para ti en distintos momentos de mi vida.

1. Es preciso tener confianza en la capacidad que cada persona tiene de enseñarse a sí misma.

2. Sólo quien esté dispuesto a aceptar sus errores, perdonarse y perdonar a terceros puede crecer.

Estas frases las escribí inclusive antes de saber que eran para un libro, mucho antes de tomar la decisión de renunciar a mi trabajo. Tuve la necesidad de anotarlas porque supe que en el fondo me las repetía a mi misma, para tener ánimo y creer en verdad que pronto cambiaría mi situación. Que al leer cada enunciado algo mágico pasaría... y pasó.

Tuve confianza en la capacidad de enseñarme a mí misma. Si no confiamos en nosotros estamos perdidos, si renunciamos a nuestros sueños estamos perdidos, si no aprendemos de los errores estamos perdidos, pues nos seguirá pasando lo mismo una y otra vez (ley metafísica); el acto, la decisión, la actitud, el sentimiento, cualquiera que sea la equivocación consciente o inconscientemente repetida, seguirá pasando porque no aprendemos la lección, porque somos incapaces de expandirnos, de tener fuerza para hacer cambios y confiar en el gran maestro que llevamos dentro.

Si vivimos desde el ego, aceptar nuestros errores, perdonarnos, y perdonar a otros no será opción, por tanto; no habrá evolución. En el perdón está una de las claves para avanzar, liberar cargas, soltar todo aquello que nos ata. Hacernos conscientes de nuestros problemas o circunstancias para encontrar soluciones es otra manera de crecer. Abramos los ojos del interior, escuchemos con todos los sentidos para fortalecernos, sin juzgar, sin juzgarnos.

Quise compartir mis creencias y algunas anécdotas que me han ocurrido porque estamos conectados, tú que me lees, los que te rodean, los que me rodean, todos seguimos unidos por hilos invisibles y mágicos. Aunque no nos sucedan las mismas cosas, entendemos de sufrimiento, hemos llorado, hay empatía en los corazones porque venimos de la misma fuente y perseguimos lo mismo: evolución, crecmiento, transformación, mejorar, amar, ser felices.

La transformación en mí llevó algunos años, pues modificar el pensamiento no es algo sencillo y romper patrones puede ser duro. Confieso que conocer a los ángeles me ha llenado de una gran satisfacción, pues recuperé la fe que en algún momento había perdido; el haber tenido la oportunidad de observarlos, de sentir su presencia no me permite dudar de su existencia y gracias a eso, sé que pude realizar cambios en mi vida con mayor facilidad. Hoy, estoy sumamente feliz de caminar a la par con mi mente, mi cuerpo y mi espíritu, sé que de esta manera iré persiguiendo el bello propósito de mejorar cada día. Por eso te invito a que te des la oportunidad de hacer modificaciones positivas en tu vida. Sé que lo deseas, lo has pensado; no descartes estas tres herramientas: los ángeles, los conceptos mentalistas de la ley de atracción o la energía de los chakras, es información que llevas dentro, que ya conocías, que en el fondo la sabes, tan sólo hay que despertarla, ponerla en práctica.

Toma consciencia de la importancia de equilibrarte física, mental, espiritual y emocionalmente. Siempre tienes la oportunidad de reinventarte, de empezar. Tu vida tendrá el color que quieras darle. Recuerda que llegamos solos a este mundo y nos iremos solos.

Sea cual sea tu misión, tu don, tu vocación en este plano, encuéntrala, no dejes de buscar; si no la has encontrado, no desistas, eso te llevará hacia tu propia felicidad, te hará vibrar en la escencia de tu ser. Repítete constantemente tus sueños y lucha por hacerlos realidad, nadie lo hará por ti.

Recuerda:

- Escucha tu corazón, en él podrás encontrar todas tus respuestas. Pregúntante si el camino que andas va al compás de su sonido.

- Pierde el temor de enfrentar retos, el miedo es nuestro primer enemigo y hay que vencerlo para avanzar: si claudicas estarás derrotado.

- Aclara tu interior, haz las paces con tu pasado.

- No sientas lástima por ti mismo, mima al niño que llevas dentro.

- La actitud y la postura que tomes ante la vida te llevará hasta donde tú decidas.

- Aquieta la mente. Serena el pensamiento para lograr tu paz.

- Aprende a aceptar tus errores y perdonarte.

- Nunca olvides que eres amor, paz y seguridad, que por tu piel habitan moléculas de atracción y de luz que te embellecen.

- Ten la certeza de que la fortaleza de lo divino te proteje.

- Sé valiente.

- Descubre tus dones.

- Crea, agradece, bendice.

- Conquístate a ti mismo.

Esta vida es sólo un instante, un viaje corto, un aprendizaje. Haz que tu viaje sea placentero.

Te deseo el mejor de los recorridos, que se abra un camino iluminado de dicha y armonía para tí y para todos los que te rodean.

Nurkia Rudametkin Rodríguez.

FUENTES DE INFORMACIÓN.

Anatomía del espíritu (Zeta bolsillo, 2006) Caroline Myss.

Chakras para principiantes (Llewellyn, 2011) David Pond.

El ABC de los ángeles (Hay House, 2006) Doreen Virtue.

El Kybalión (Editories mexicanos unidos, S.A., 2002).

El libro de la mujer (Grijalbo, 2007) Osho.

El poder del ahora (New world library, 2001) Eckhart Tolle.

Glosario Teosófico (Ediciones Berbera) H.P. Blavatsky.

La inteligencia emocional (Vergara, 2001) Daniel Goleman.

Metafísica 4 en 1 (Ediciones Giluz, 2011) Conny Méndez.

Mujeres que corren con los lobos (Ediciones B, 2011) Clarissa Pinkola Estés.

Tus siete centros de energía (Porcia Ediciones, SL., 2007) Elizabeth Clare Prophet y Patricia R. Spadaro.

ACERCA DE LA AUTORA

Nurkia Rudametkin Rodríguez nació el 11 de marzo de 1980 en la ciudad de Ensenada, Baja California; México. Estudió la licenciatura en Comercio Exterior y Aduanas. Ejerció su carrera a la par que incursionaba en el mundo de las letras. Su primera novela *La huida* fue publicada por la editorial Cambridge BrickHouse en 2008, y su segunda novela *Expediente 93* se publicó en 2011 por el Instituto Politécnico Nacional. Su trabajo literario se extiende a otras novelas inéditas: *La otra cara del asesino* y *Vida Arrabalera*. Así como el guión cinematográfico de su segunda novela Expediente 93 realizado en conjunto con el director de cine René Bueno Camacho. En 2012 fue colaboradora del periódico El vigía en Ensenada, con su columna *Navegando entre letras*. En 2014 escribió para la revista digital Coma Suspensivos. Actualmente radica en la ciudad de San Diego, Ca. y, está dedicada a su pasión: la escritura. Así como también a su misión de vida: transmitir mensajes angelicales para encontrar el balance y la armonía que todo ser humano necesita. Escribe con regularidad en su blog www.vidayplaceres.blogspot.com

Made in the
USA
Middletown, DE